UNIVERSITÉ DE PARIS — FACULTÉ DE

LA CAPACITÉ

DE LA

FEMME MARIÉE

ETUDE CRITIQUE

PAR

JEAN LEROLLE

AVOCAT A LA COUR D'APPEL DE PARIS

THÈSE POUR LE DOCTORAT

Présentée et soutenue le mercredi 23 mars 1898 à 1 heure

Président : M. CHAVEGRIN, *professeur*

Suffragants : { MM. BOISTEL, *professeur*,
LEON MICHEL, *professeur*.

PARIS

LIBRAIRIE DE LA SOCIÉTÉ DU RECUEIL GÉNÉRAL DES LOIS ET DES ARRÊTS
ET DU JOURNAL DU PALAIS
Ancienne Maison L. LAROSE ET FORCEL
22, *rue Soufflot*, 22
L. LAROSE DIRECTEUR DE LA LIBRAIRIE

1898

THÈSE
POUR LE DOCTORAT

LA CAPACITÉ

DE LA

FEMME MARIÉE

ETUDE CRITIQUE

PAR

JEAN LEROLLE

AVOCAT A LA COUR D'APPEL DE PARIS

THÈSE POUR LE DOCTORAT

Présentée et soutenue le mercredi 23 mars 1898 à 1 heure

Président : M. CHAVEGRIN, *professeur*

Suffragants : { MM. BOISTEL, *professeur*,
LÉON MICHEL, *professeur*.

PARIS

LIBRAIRIE DE LA SOCIÉTÉ DU RECUEIL GÉNÉRAL DES LOIS ET DES ARRÊTS
ET DU JOURNAL DU PALAIS

Ancienne Maison L. LAROSE ET FORCEL,

22, rue Soufflot, 22

L. LAROSE DIRECTEUR DE LA LIBRAIRIE

—

1898

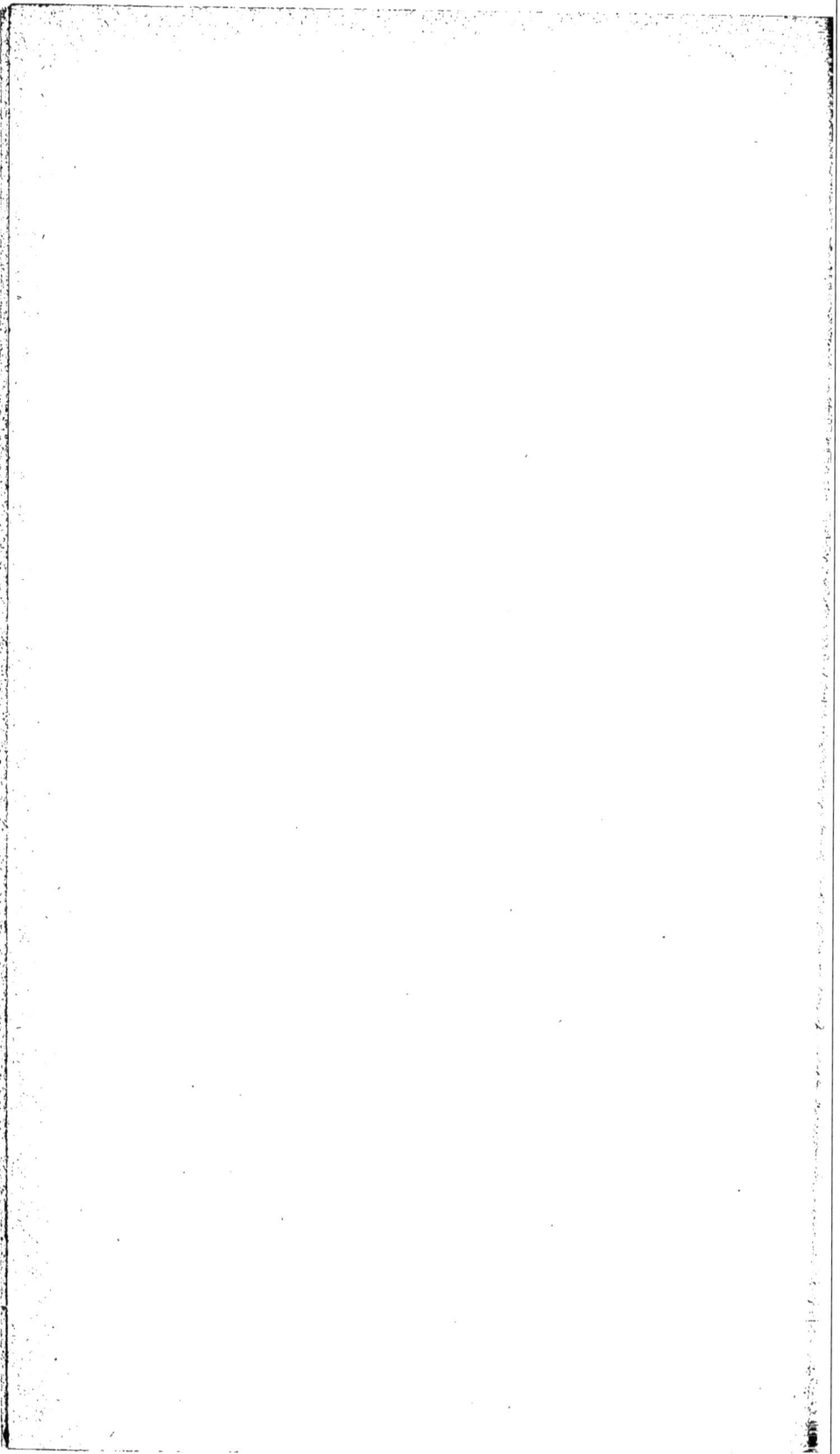

ÉTUDE CRITIQUE

CAPACITÉ DE LA FEMME MARIÉE

INTRODUCTION

Si l'on étudie la condition de la femme à travers les âges, on s'aperçoit qu'à mesure que l'humanité progresse, à mesure que le droit s'abstrayant de la force s'idéalise, le sort de la femme s'améliore, ses droits sont mieux reconnus, sa personnalité plus respectée : c'est la loi du progrès.

De ce fait, d'ailleurs, il est aisé de rendre compte.

Aux premières heures des civilisations, la famille patriarcale est la seule organisation sociale : il n'y a encore ni nation, ni état. Entre les membres de la famille, le tribunal domestique rend la justice, entre familles rivales tout conflit est résolu par les armes. La force fonde le droit, et c'est encore par la force que le droit est défendu.

En ces temps-là, où l'energie physique est la seule puissance, où l'homme s'enorgueillit de sa force comme d'une vertu, où la guerre semble la grande affaire, celui-là seul est capable, en droit, qui, en fait, est capable de se défendre.

On devine aisément le sort de la femme. Être faible, impuissante à se protéger elle-même, elle est sous la domination perpétuelle de l'homme. Fille, elle est sous la tutelle de son père ou de son aïeul, épouse, elle passe sous la puissance de son mari, veuve, elle retombe sous la tutelle de ses proches. Même chez les peuples où elle est entourée de respect, dans la famille primitive, la femme n'est jamais libre. Bien plus, sa faiblesse corporelle est pour elle une cause de mésestime ; elle semble à l'homme la preuve de son infériorité intellectuelle et morale.

Aussi, soit qu'entre cette puissance de l'homme sur sa femme et son pouvoir sur ses biens il y ait une distinction trop subtile, soit que l'égoïsme mâle se soit plu à une confusion profitable à ses intérêts, les deux pouvoirs souvent sont confondus à l'origine, la femme est la chose de l'homme, et le mariage une vente. Ne voit-on pas encore aujourd'hui la vente de la femme pratiquée parmi les peuplades de l'Afrique et de l'Océanie, et y engendrer la polygamie et la polyandrie ?

A ces premières heures de la vie des peuples, la femme est sous l'entière domination de l'homme à la fois roi, juge et prêtre de la famille. « Une jeune fille, une jeune femme, une femme avancée en âge, dit Manou, ne doivent jamais rien faire suivant leur propre volonté (1). »

Mais avec le temps, les conditions de la vie sociale se modifient. La nation se fonde, l'état est créé, la famille se transforme et s'affaiblit, la force perd son pouvoir, l'idée du droit individuel se dégage. Cette révolution sociale réagit sur la condition de la femme. La tutelle perpétuelle, désormais sans cause, disparaît peu à peu ; on reconnaît à la femme, hors mariage, une certaine capacité juridique ; même, dans le mariage, l'épouse a des droits distincts de ceux de son mari, un patrimoine à elle. Et à mesure que s'accentue le mouvement civilisateur, s'accentue aussi l'émancipation de la femme. « Chez les peuples civilisés, remarque Taparelli, comme les âmes sont plus sensibles à la force morale, que la société garantit toutes les possessions et que la force matérielle a peu de pouvoirs, la prépondérance de l'homme diminue d'autant, et la femme acquiert d'autant plus d'influence que la société est plus parfaite (2). »

Telle est dans ses grandes lignes l'évolution de la civilisation chez tous les peuples qui ne dorment pas le sommeil amollissant de l'Orient.

Pourtant, un fait est à noter. Dans toute l'antiquité païenne, l'idée de l'infériorité de la femme a

---

(1) *Lois de Manou*, V, 147.

(2) TAPARELLI. — *Droit naturel*. Liv. VII. Ch. II, art. 4. p. 152.

subsisté. « L'esclave est absolument privé de volonté,
dit Aristote, la femme en a une, mais en sous ordre,
l'enfant n'en a qu'une incomplète (1). » Tenue à l'écart
de la vie publique, enfermée dans le gynécée, vouée
aux soins domestiques, destinée seulement, semble-
t-il, à donner à l'homme une postérité, la femme
restait moralement et intellectuellement en dehors
du progrès et « à mesure que le niveau de la civilisation s'élevait autour d'elle, son abaissement n'en
devenait que plus profond (2). »

C'est au christianisme qu'appartient l'honneur
d'avoir le premier proclamé l'égalité de l'homme et
de la femme.

On a contesté ce rôle. « Où est cette fameuse libé-
ration de la femme apportée par le Christianisme
dont la Vierge Marie fait cependant presque tous les
frais », demandait Alexandre Dumas ; et dans un
livre récent, M. Léopold Lacour accusait encore la
doctrine chrétienne d'avoir asservi la femme.

Sans doute il est aisé de trouver parmi les discours
des prédicateurs et les écrits des Pères, de violentes
diatribes contre les femmes. « La femme n'est qu'un
instrument de tentation et de chûte », diront-ils.
« Femme, tu es la porte du démon, » s'écriera Ter-
tullien. Mais ce n'est pas dans ces paroles d'orateurs

(1) ARISTOTE. — *Politique*, liv, I. Ch. V.
(2) PAUL GIDE. — *Etude sur la condition privée de la femme*,
p. 192 et 193.

entraînés par leur zèle pour les deux grandes vertus chrétiennes de pureté et de chasteté qu'il faut chercher la doctrine de l'Eglise. Elle est dans l'Evangile, et dans les Epîtres des Apôtres.

Nulle part dans sa prédication, le Christ ne distingue l'homme et la femme : c'est pour le salut de tous qu'Il est mort sur la croix. « Il n'y a plus ni Juif, ni Gentil, ni esclave, ni libre, ni homme, ni femme, dit saint Paul ; car vous n'êtes tous qu'un en Jésus-Christ (1). » Au lieu de ces unions temporaires que le caprice de l'homme noue et dénoue, le Christ proclame l'indéfectible unité du mariage. « Que l'homme ne sépare pas ce que Dieu a uni (2). » Au lieu de ces démarcations que la civilisation païenne s'était plu à élever entre l'homme et la femme, Il établit l'unité dans la vie conjugale. « N'avez-vous pas lu, dit-Il aux Pharisiens, que celui qui créa l'homme dès le commencement les créa homme et femme, et Il dit : C'est pourquoi l'homme abandonnera son père et sa mère et s'attachera à son épouse, et ils seront deux dans une seule chair. Ainsi ils ne sont plus deux mais une seule chair (3). » Et saint Paul, le grand théologien du mariage, enseigne la même doctrine. « La femme n'a pas autorité sur son propre corps, dit-il, mais c'est le mari ; pareillement le mari n'a pas auto-

(1) Ep. ad Galat., III, 28.
(2) Saint Mathieu, XIX, 6.
(3) Saint Mathieu, XIX, 4, 5, 6.

rité sur son propre corps, mais c'est la femme (1). »

N'est-ce pas la consécration de l'égalité des devoirs entre époux.

Sans doute l'apôtre, suivant la tradition de l'humanité tout entière, établit une hiérarchie dans la famille. « Que les femmes soient soumises à leurs maris, comme au Seigneur, car le mari est le chef de la femme, comme le Christ est le chef de l'Eglise. » Mais il ajoute aussitôt : « Et vous, maris, aimez vos femmes comme Jésus-Christ a aimé l'Eglise, jusqu'à se livrer lui-même pour elle », et plus loin : « Que chacun aime donc son épouse comme lui-même, et que l'épouse révère son mari (2). » Et lorsqu'il pose le principe de l'autorité paternelle, c'est à la mère comme au père qu'il attribue cette autorité : l'un et l'autre ont droit au respect et à l'obéissance de leurs enfants. « Enfants, obéissez à vos parents dans le Seigneur ; car cela est juste. Honorez votre père et votre mère, c'est le premier des commandements auquel Dieu ait joint une promesse (3). »

« L'Eglise, écrit M. Esmein, a introduit dans le droit du mariage une nouveauté féconde ; elle a proclamé, en principe, l'égalité de l'homme et de la femme. Déjà posé sur certains points dans la première épître de saint Paul aux Corinthiens, le principe

---

(1) Ep. ad. Corinth., vii, 4.
(2) Ep. ad Ephes, v, 22, 23, 25, 33. — Ad. Coloss. iii, 18, 19.
(3) Saint Paul ad Ephes., vi, 1, 2.

d'égalité est affirmé avec la plus grande netteté par les Pères de l'Eglise. Lactance en fait une application éclatante en déclarant que le mari et la femme sont également astreints au devoir de fidélité ; saint Jérôme le professe en des termes généraux qui en sont restés comme la formule. C'est en particulier une des règles que tendront à faire prévaloir les *Libri pœnitentiales* : *una lex de mulieribus et viris*. De nos jours l'Eglise s'enorgueillit et à juste titre d'avoir la première enseigné cette vérité. Sans doute cette égalité ne sera pas absolue ; dans une certaine mesure le droit canonique, lui-même, admettra la suprématie du mari, commandée par la nature des choses et justifiée par les textes de l'Ecriture. Mais elle sera d'une vérité complète pour tout ce qui tient surtout au cœur des femmes : les devoirs des époux entre eux et l'obligation de fidélité réciproque (1). »

Or, le Christianisme n'est pas une doctrine philosophique réservée aux subtils et aux sages. Ce n'est pas un système que le Christ est venu enseigner au monde, mais une vie. Sous son influence la société s'est transformée. A la famille antique fondée sur le droit du père et l'infériorité de la femme, une famille nouvelle a succédé, créée par le mutuel accord de deux êtres libres et égaux. Avec le christianisme le principe de l'égalité des deux sexes est entré dans le

(1) Esmein : le Mariage en droit canonique I, p. 91.

monde et est venu hâter dans les sociétés modernes, dans la société franque en particulier, cette évolution du droit de la femme que nous avons reconnue comme la loi de progrès de toute civilisation.

L'histoire de la condition de la femme en France, dans ses grandes lignes au moins, est la manifestation de cette loi générale agissant sous l'influence chrétienne.

*
* *

On peut distinguer quatre grandes périodes dans cette histoire : la période germaine, la période féodale, la période coutumière avant et après la renaissance du droit romain.

En Germanie, comme dans toutes les sociétés primitives, la femme est sous la tutelle, sous le mundium de ses proches. Le fondement de cette tutelle c'est son incapacité à porter les armes dans un temps où la guerre privée, la faida, est l'unique sanction de la violation des droits « nihil autem, neque publicæ, neque privatæ rei nisi armati agunt », dit Tacite des Germains. Mais cette faiblesse physique n'entraîne pas pour la femme une déconsidération morale ; l' « infirmitas sexus » s'entend du corps et non de l'âme, le mundium est moins le droit de propriété de l'homme sur la femme, qu'une puissance protectrice, l'aide et le soutien que doit en tous cas le fort au faible.

Le mariage est la cession du mundium au mari

par celui qui a puissance sur la femme. Cette cession est-elle une vente réelle de l'épouse, ou un symbole, le sou et le denier n'est-ce qu'un prix fictif? On peut croire que primitivement la vente de la femme exista ; le prix fictif payé aux parents semble bien être le dernier vestige d'une institution disparue. Les mots acheter, épouser, femme légitime, femme achetée employés comme synonymes dans les plus anciens textes germaniques n'indiquent-ils pas, eux aussi, au moins le souvenir d'un temps où le mariage fut une vente? Les peuples inventent-ils à plaisir les symboles d'une réalité qui n'aurait jamais existé? (1).

Quoiqu'il en soit, de bonne heure, la vente réelle de la femme disparut chez les Germains et ne subsista plus qu'à l'état de fiction.

Soumise à une tutelle perpétuelle, la femme franque n'est cependant pas sans droits. Elle a une personnalité juridique. Si elle est offensée, elle perçoit, au moins en partie, la compensation payée par l'offenseur ; elle hérite de ses parents, elle peut posséder meubles et immeubles. Mariée « elle n'est point l'esclave, la propriété de son mari, elle est elle-même propriétaire et deux fois dotée, d'abord par ses parents, ensuite par son mari lui-même (2) ».

---

(1) VIOLLET. — Cf. *Hist. du dr. civil français*, 2ᵉ édition, p. 403 et notes. *Contra*, P. GIDE. *Étude sur la condition privée de la femme*, p. 233.

(2) P. GIDE. — *Loc. cit.*, p. 375.

En se mariant, en effet, le Franc doit apporter une dot à sa fiancée. — « Nullum sine dote fiat conjugium » — et sur cette dot l'épouse a une propriété et une jouissance actuelles (1). De plus, par suite de la société existant de fait entre les époux, elle a droit à une part des économies et des acquisitions faites en commun, et, chose digne de remarque, elle peut disposer de cette part même pendant le mariage (2).

Enfin — ce qui achève de démontrer que le mundium n'est pas assimilé à un droit de propriété, ni la femme à une esclave — après la dissolution du mariage, la femme rentre de plein droit dans sa famille.

En un mot, la femme franque n'est pas considérée comme une chose, elle est une personne juridique, elle a des droits; mais comme elle est physiquement impuissante à les défendre, la loi, en la plaçant sous la puissance de ses parents ou de son mari lui donne un protecteur et un champion.

Ce caractère du mundium s'accentua lorsque les Francs furent établis en Gaule. Sous l'influence des idées chrétiennes, les rois se déclarèrent les protecteurs des faibles, prêtres, femmes, enfants. Charlemagne recommande à ses envoyés de surveiller la gestion des tuteurs, de les remplacer même lors-

---

(1) GIDE. — *Loc. cit.*, p. 376.
(2) Cf. les formules citées par GIDE, p. 376.

qu'ils manquent à leur devoir. Toute faute grave peut entraîner une amende au profit du trésor royal. Le mundium cesse donc d'être un droit de famille pour devenir une charge exercée au nom et sous la surveillance du roi. Il semble qu'on puisse prévoir le temps où la tutelle des femmes va disparaître.

La chute de l'empire franc vint arrêter ce mouvement.

Dans le désordre qui suivit, la souveraineté s'émietta. Entre chaque seigneur ce fut à coups d'épée que se tranchèrent les conflits : la force de nouveau régna en maîtresse. Ceux qui étaient sans armes durent demander aide et protection à ceux qui bataillaient, la femme demeura en tutelle. Et comme la tutelle des femmes depuis les rois francs faisait partie des charges de la souveraineté, ce ne fut plus la famille, mais le seigneur féodal qui l'exerça.

La société se divise, alors, en deux classes : les nobles, possesseurs de fiefs, et les serfs.

Le fief était concédé, entre autres conditions, à charge de service militaire. La femme ne pouvant pas fournir ce service fut, au début de la féodalité, incapable de posséder un fief. Pour tourner cette règle on institua la tutelle. Désormais, quand un fief tomba aux mains d'une femme, le seigneur, en représentation du service militaire que la femme ne pouvait lui rendre, s'attribua la jouissance de ses immeubles et la propriété de ses meubles. Tantôt le seigneur conservait cette jouissance, tantôt il la cédait à un chevalier chargé de s'acquitter du service militaire à la place de la femme : c'est lui qui la représentait à la cour du seigneur, dans les actes juridiques : il en était « l'advocatus ». Comme cette tutelle, onéreuse en somme pour la femme, était profitable au tuteur, le suzerain la mit aux enchères. Et la femme, ou, du moins, le droit de la représenter et de jouir de ses biens, devint un objet de trafic.

Nous sommes loin des règles protectrices édictées par Charlemagne.

Le même intérêt qui poussait le seigneur à choisir le tuteur de sa vassale, le conduisit à s'arroger le droit de lui donner un mari de son choix, afin d'avoir en lui un fidèle homme lige. Comme la tutelle, la main de la fille noble fut donnée au chevalier le plus dévoué ou à l'acquéreur le plus offrant. Et jusqu'à soixante ans, âge où le vassal était dispensé de « tout service de corps », la femme noble fut soumise à ce marché (1).

La fille du serf et du vilain elle-même n'échappa à cette tutelle. Comme elle était incapable de rendre les services exigés des gens de mainmorte, le seigneur se réserva le droit de jouir de sa terre et de disposer de sa main.

(1) Cf. Gide. — P. 396 et 397 et les notes.

En parcourant cette histoire, en voyant renaître le trafic de la femme, il semble que tout à coup on soit reporté en arrière, aux heures lointaines de l'ancienne Germanie. C'est le réveil de la vieille barbarie comprimée mais non vaincue par Charlemagne.

Il ne faut pas, pourtant, se trop scandaliser de ces coutumes. La désorganisation générale, l'absence de tout pouvoir capable et s'imposant de faire régner la justice et la paix, les invasions normandes, la guerre perpétuelle, tout ce chaos, enfin, où s'élaborait comme en une fournaise notre civilisation moderne, s'il n'excuse pas les abus, légitime, au moins dans une certaine mesure, les institutions.

« Les lois, a dit Montesquieu, sont les rapports nécessaires qui dérivent de la nature des choses. »

Or, un jour vint où la nature des choses changea. Le pouvoir royal augmentant sans cesse, la féodalité dût plier devant lui. Les guerres privées disparurent. De militaire, la féodalité devint territoriale et financière ; les redevances remplacèrent le service de guerre. De ce jour, l'organisation féodale dût se modifier. Le seigneur n'ayant plus intérêt à choisir le mari de sa vassale, son droit de consentir au mariage disparut progressivement. La tutelle elle-même, subit le même sort : elle redevint un droit de famille pour la protection des mineurs.

Le mouvement d'émancipation ainsi commencé n'en resta pas là. Il se poursuivit avec cette logique impérieuse qui guide les événements humains.

Puisque la femme pouvait être possesseur de fiefs, on devait lui en attribuer les prérogatives. On vit donc « la dame de fiefs » rendre la justice, recevoir l'hommage de ses vasseaux, battre monnaie, en un mot exercer, comme l'homme, la souveraineté sur son domaine.

Le temps qui voyait naître la chevalerie, voyait aussi, pour la première fois, les femmes arriver à la vie publique.

Pourtant, la tutelle des femmes ne disparut pas tout entière. Une distinction qui devait demeurer profondément gravée dans notre droit s'établit. La fille majeure et la femme veuve furent pleinement capables, l'épouse demeura sous la puissance de son mari, chargé de la représenter en justice et de « porter son fief ».

Tandis que cette évolution s'accomplissait dans la condition de la femme noble, un mouvement semblable allait donner la vie civile aux femmes de la bourgeoisie.

L'impuissance de la femme à porter les armes avait été l'unique fondement du mundium germanique. Dans les communes du XIIᵉ siècle, villes de travail, sociétés de marchands paisibles, où la femme était associée au négoce de son mari, et mêlait étroitement sa vie à la sienne, cette conception militaire et batailleuse du droit ne pouvait subsister. La police municipale veillait à la sûreté des rues, le juge punissait les délits et les crimes, qu'importait que la femme ne sût ni chevaucher, ni tenir épée ? Le mundium disparut.

A l'ancienne théorie, le droit coutumier substitua un système nouveau.

La femme, en tant que femme, n'est pas en tutelle. Aucun Senatus-consult Velleien ne vient restreindre sa capacité. Elle peut rester en justice sans assistance, elle hérite au même titre que ses frères, il n'y a ni droit d'aînesse, ni droit de masculinité. En un mot, la femme hors mariage peut accomplir tous les actes de la vie civile.

Mais, par le mariage, elle aliène sa liberté. Dans la société conjugale, le mari est le chef, la femme lui doit obéissance comme à son seigneur. Elle ne peut rien faire sans son assentiment. Si elle méconnaît son autorité et agit sans son « congé », le mari peut faire tomber l'acte. Pleinement capable jusqu'au mariage, par le mariage, la femme tombe en incapacité : c'est le dernier vestige du mundium.

J'ai employé le mot incapacité. Il pourrait donner une idée fausse de la situation de la femme mariée, le mot de subordination est plus exact. La coutume ne dit pas, en effet, que la femme mariée est impuissante à se protéger elle-même, ou trop faible de volonté, elle lui fait seulement un devoir de demander sur toute chose l'avis de son mari, et de ne rien con-

clure sans son assentiment : l'autorisation maritale
apparaît comme la sanction juridique du devoir
d'obéissance. Et, de là, plusieurs conséquences. Si le
mari est fou, absent, ou par quelqu'autre motif, dans
l'impossibilité de donner son consentement, et généralement dans tous les cas où le manque d'autorisation n'est pas en même temps un manque de soumission, la femme peut agir seule valablement.

C'est ce que nous dit Beaumanoir : « Si comme se
ses barons est fous ou hors du sens, si que il est
aperte coze qu'il ne se melle de riens, et que le feme
fait et mainburnist toutes les cozes qui a eus appartiennent ; ou si le femme est marqueande d'aucune
marqueandise dont ses barons ne se set meller, ou si
li barons est en estranges teres fuitis, ou banis, ou
emprisonnés, sans espérance de revenir (la femme
peut agir seule), car autrement seraient moult de bone
gent honni qui baillent le lor à teles manières de
femes, et eles meismes en perdraient lor marcean-
dises (1). »

De même, la nullité de l'acte ne tenant pas à une
incapacité essentielle de la femme, mais à sa condition subordonnée, le mari seul peut attaquer l'acte
fait sans autorisation, la femme ne le peut pas. Où
trouver, en effet, le fondement de l'action en nullité
dans une législation qui n'admet pas l'infériorité mo-

(1) BEAUMANOIR, XLIII, 28.

rale et intellectuelle de la femme. Serait-ce la vertu du mariage de diminuer sa volonté? Si donc, tant que dure l'association conjugale, l'acte vit d'une vie précaire, il devient inattaquable par la mort du mari. « Car si tost comme son baron est mort, dit Beaumanoir, la femme revient en sa pleine volonté (1) ».

Le mariage crée entre les époux une société de biens. « Çascum set que compaignie se fait par mariage », dit encore Beaumanoir (2). Dans cette société entre avec l'usufruit des immeubles de la femme, la propriété de tous ses meubles. Comme il est le chef de la femme, le mari est seigneur, maître de l'association conjugale. C'est la conséquence nécessaire du mariage : elle subsiste tant que la femme n'a pas fait cesser la vie commune en demandant le « divorce quant au lict ».

En vertu de ces pouvoirs, le mari peut disposer librement des meubles de sa femme ; quant aux immeubles, s'il en a la jouissance, il ne peut en aliéner la propriété que du consentement de l'épouse qui en demeure propriétaire. Si des biens sont acquis pendant le mariage, ils suivent le sort des meubles, le mari en est le maître. Seulement à cause de la société existant entre les époux, la femme, par elle-même, ou ses héritiers, a droit, lors de la disso-

(1) BEAUMANOIR, XLIII, 27.
(2) BEAUMANOIR, XXI, 2.

lution du mariage, de prélever, tant sur les meubles que sur les conquêts, une part variant du tiers à la moitié. C'est le prix de sa collaboration à la fortune commune.

A ces pouvoirs exorbitants du mari, la coutume admettait un contrepoids : le douaire. Par le douaire, du jour du mariage, la femme acquerrait un droit sur les propres de son mari. Si elle ne pouvait vendre ses immeubles sans l'autorisation du mari, chef de la communauté, celui-ci ne pouvait, non plus, aliéner ses propres sans l'assentiment de sa femme. Ainsi, par son intervention dans l'aliénation des biens les plus précieux, l'épouse pouvait exercer un véritable contrôle sur les affaires conjugales ; elle était réellement une associée.

C'est ce qu'explique Beaumanoir dans son langage pittoresque : « Çascun set que compaignie se fait par mariage, car si tost comme mariages est fes, li bien de l'un et de l'autre sont commun par le vertu du mariage. Mais voirs est que tant comme ils vivent ensanble li hons en est mainburnissières, et convient que li feme suefre et obéisse de tant comme il appartient a lor meubles et as despuelles de lor héritages ; tant soit ce que li feme y voie sa perte tout apertment, si convient il qu'elle suefre le volonté de son seigneur. Mais voirs est que li treffons de l'iretage qui est de par le feme, ne pot li maris vendre, si ce n'est de l'octroi et de le volonté de se

feme; ne le sien meisme, se ele ne renonce à son
doaire (déclarant), qu'ele riens ne demandera par
doaire s'ele le survit (1) ».

Telle est la condition juridique de la femme dans
notre ancien droit coutumier. Le mundium germanique et la tutelle féodale ont disparu ; la fille majeure et la veuve sont capables de tous les actes de
la vie civile ; si l'épouse placée sous la main tournée
du mari a besoin de son consentement pour faire un
acte pleinement valable, c'est en vertu de la dépendance nécessaire créée par le mariage, mais rien ne
subsiste de l'idée païenne de l'infériorité native de la
femme. Sans doute l'autorité du mari se ressent
encore de la rudesse des temps, il lui est permis de
« castier sa femme renablement », même de « la
battre sans mort et sans mehaing », mais en lisant
nos vieux auteurs on sent que dans ce moyen-âge si
calomnié, représenté souvent comme un siècle d'obs-
curantisme et de barbarie, l'idée se dégage peu à
peu des véritables rapports de l'homme et de la
femme.

« Il semble qu'à cette époque, dit M. Viollet, un
penseur eût pu légitimement présager à la femme
un avenir d'égalité assez prochain, lui donner de
hautes et larges espérances. » Ce penseur se serait
trompé. Mais qui aurait pu prévoir alors qu'après

(1) BEAUMANOIR, ch. XXI, 2.

douze siècles de christianisme, le principe de l'infériorité intellectuelle et morale de la femme, principe inconnu des Germains, allait apparaître dans notre civilisation. Ce fut l'œuvre de la renaissance Romaine.

Le xvie siècle apparaît généralement comme le siècle de la lumière et du progrès. C'est l'heure où l'esprit humain, au contact de la civilisation antique, reprend conscience de lui-même ; c'est l'âge de l'épanouissement radieux de tous les arts, le temps où les peuples, secouant le long sommeil de mort qui planait sur l'Europe depuis les invasions barbares, se réveillent enfin : en un mot, c'est la Renaissance.

Si le moyen-âge est une nuit profonde, la Renaissance en est l'aurore.

Voilà ce qu'on est accoutumé à entendre et à redire docilement : c'est la tradition que les générations se transmettent.

Il ne faudrait pas pourtant se laisser éblouir : les traditions sont parfois mêlées de fables. Certes, le xvie siècle brille dans l'histoire d'un grand éclat, un vent de renouveau souffle sur le monde, une vie nouvelle se répand dans la société. Mais cette vie, la société ne l'a pas portée en elle, elle est venue du dehors ; elle n'est pas le fruit du développement normal, logique d'un principe interne, mais le produit d'un principe étranger. Le xvie siècle est le heurt de deux civilisations contraires : c'est le vieil esprit romain et païen s'insinuant dans notre société germaine et chrétienne. A ceux qui savent se dégager des influences de notre éducation classique, la Renaissance apparaît comme une brillante erreur. C'est le point de départ d'une déviation dans l'évolution de la société française.

Dans la condition de la femme notamment ce changement est remarquable.

En étudiant le droit romain qui les fascine par sa logique et son unité et qu'ils considèrent comme la raison écrite, les légistes ont trouvé le principe de l'infériorité de la femme et ils se sont hâtés de le faire pénétrer dans notre droit.

Qu'on lise leurs écrits !

La femme n'est plus cet être vénéré pour lequel le germain avait une sorte de culte, que chantaient les trouvères, et dont le chevalier du moyen-âge portait avec gloire les couleurs. On lui trouve mille défauts natifs et irrémédiables. Elle est avare, « mauvaise de sa propre volonté », « jongleresse », elle est fausse, « fait toujours le contraire de ce qu'on lui commande, elle est caute et malicieuse » ; bref, « la femme est une beste qui n'est pas ferme ni estable, elle est hayneuse à la confusion de son mari, elle est nourrissante de mauvaiseté, et si est commencement de tous plaids et toutes tensons et si trouve voye et che-

min de toute iniquité (1) ». Telles sont les litanies
nouvelles qui ont remplacé les ballades enthousiastes,
et chacune est appuyée d'un texte du Code ou du
Digeste. C'est profondément ridicule, on a peine à
voir là autre chose qu'une odieuse diatribe. C'est
cependant le ton de l'époque. « Multis placet mulieres
ferme rationis esse experts », dit Tiraqueau ; » nam-
que divinus ille Plato dubitare videtur utro in genere
ponat mulierem, rationalium animalium an bruto-
rum ». Et d'Argentré, lui-même, commentant le titre
des mariages de la coutume de Bretagne, ne peut
s'empêcher d'écrire : « Il y a dans cet animal (la
femme) des mouvements effrénés, une colère aveugle,
une impétuosité qui bouillonne, une grande pauvreté
de bons sens, une extrême faiblesse de jugement, un
orgueil indomptable (2). »

Si de pareilles idées ne parvinrent pas à triompher
complètement dans les mœurs (n'y a-t-il pas pourtant
un peu de dédain sous la galanterie), elles péné-
trèrent au moins profondément dans notre jurisprudence.

Le Velléien fut restauré pour un temps (3), l'autorité maritale changea de caractère.

Elle avait été jusque là la conséquence de la né-

---

(1) *Le songe de Verger*, liv. I, chap. cxlvii cité par Laboulaye.
Recherches sur la condition privée des femmes, p. 469.
(2) D'Argentré. — *Cout. de Bretagne* : des mariages, art. 410.
(3) Il fut aboli en 1606 par Henri IV.

cessité d'une hiérarchie dans la société de deux êtres égaux par nature ; elle devint, sous l'empire des souvenirs anciens, une sorte de tutelle à la romaine (1). L'épouse est désormais une pupille, incapable de se diriger elle-même, c'est un faible d'esprit qui a besoin de l'assistance d'un tuteur « ad integrandam personam ». Si elle a été privée de cette assistance elle peut faire tomber l'acte qu'elle a passé, car elle a manqué de la protection qui lui était due (2) ; si son mari est fou, absent, dans l'impossibilité enfin de l'autoriser, la justice, protectrice des faibles, l'assistera ; on ne peut laisser sans défense celle qui ne sait pas se défendre elle-même.

La femme mariée est bien maintenant une incapable dans la plus stricte acception du mot.

N'avais-je pas raison de dire que tout n'est pas lumière et progrès dans ce mouvement si célébré pourtant de la Renaissance ?

Quant à la communauté elle reste la même, fondée sur les mêmes distinctions. Le mari en a toujours l'administration, avec de larges pouvoirs de disposition. Mais elle change de fondement. Elle n'est plus la conséquence du mundium marital, puisque le mundium n'existe plus, mais le résultat d'une convention distincte du mariage. Elle reste le droit

(1) Cf. GIDE. — P. 452.
(2) DUMOULIN. — *Coutume de Paris*, art. 114, n° 6, art. 115.

commun de France, mais ne s'impose plus aux époux comme une nécessité.

Il n'y a donc plus désormais en matière civile un droit unique de la femme comme dans la période germaine. Il y a deux droits. Jusqu'au mariage la fille majeure est considérée comme un être pleinement capable, apte à se diriger lui-même. Par le mariage elle devint subitement malhabile à toute affaire, et la loi, toujours soucieuse du droit des faibles, la place sous la tutelle de son mari. Que si ce tuteur vient à mourir, elle retrouve soudain toute sa capacité avec sa pleine volonté, singulier effet du mariage, illogisme que rien ne justifie.

Tel était le droit de la Renaissance, tel il est encore aujourd'hui. Les siècles se sont écoulés, les révolutions se sont succédées, la société économiques s'est transformée, notre organisation sociale repose sur des fondements nouveaux, la famille elle-même s'est modifiée, la théorie de la condition de la femme seule n'a pas changé.

A peu près l'égale de l'homme dans la vie civile tant qu'elle n'est pas mariée — une loi récente en lui accordant le droit d'être témoin au même titre que l'homme a fait tomber une des dernières inégalités subsistantes — la femme est demeurée dans le mariage sous la tutelle du mari. Sans doute, on n'écrit plus que la femme est « hayneuse et nourrissante de mauvaiseté », mais nos lois voient toujours en elle un être « qui n'est pas ferme ni estable. » Comme les législateurs antiques, les rédacteurs du Code civil ont cru à l'infériorité de la femme. Si Manou déclarait que jamais une femme ne doit agir suivant sa volonté, Napoléon disait: « Il y a une chose qui n'est pas française c'est qu'une femme puisse faire ce qui lui plaît (1). »

Malgré ses illogismes, la théorie des romanistes a survécu.

On connaît maintenant l'histoire de la condition de la femme en France : ses lents progrès dans les premiers siècles, puis la femme du moyen âge marchant rapidement vers l'égalité avec l'homme, la dame de fief, même, exerçant des droits politiques ; enfin le brusque arrêt de la Renaissance, le retour au passé, et depuis, au moins pour l'épouse, le droit restant invariable et dans une fixité presqu'absolue.

J'ai essayé de montrer, après bien d'autres, que la loi d'évolution des sociétés tendait, lorsqu'elle n'était pas entravée à amener une amélioration progressive du sort de la femme. La théorie du Code civil, produit hybride du droit romain et du droit germanique, est-elle le dernir terme de cette évolution ? Est-ce la formule définitive où doit demeurer figé le droit, ou bien, malgré la stagnation des législations, l'évolution se poursuit-elle, lente et sourde dans le mœurs et dans l'opinion ?

(1) J'emprunte cette citation à M. Fr. Passy. — Journal des Economistes, 1884, 2, p. 450.

« Les lois se maintiennent en crédit, dit Montaigne, non parce qu'elles sont justes, mais parce qu'elles sont lois. C'est le fondement mystique de leur autorité ; elles n'en ont pas d'autre qui bien leur en sert » (1).

Est-ce aussi le seul fondement de notre législation ?

*
* *

Il y a dans notre siècle, en Europe, un mouvement certain en faveur de l'amélioration du sort de la femme en général, et en particulier de la femme mariée. Il date du XVIIIᵉ siècle, et se confond à son origine avec le mouvement égalitaire qui secouait alors la vieille société. On en trouve pour la première fois la trace dans l'« Essai sur le progrès de l'esprit humain » de Condorcet. Cambacérès chercha, en vain, à le faire triompher dans ses deux premiers projets de Code civil : il y renonça dans le dernier. Dans les travaux préparatoires du Code Napoléon, notamment dans le discours de Portalis, il n'en est même plus question. L'idée féministe survécut cependant : on trouve un nouveau système sur la condition de la femme dans tous les projets de rénovation sociale. Le 1ᵉʳ octobre 1830, Bazard et Enfantin écrivaient au président de la Chambre pour lui

(1) MONTAIGNE. — Livre II, Ch. XII.

apprendre que le Saint-Simonisme venait affranchir
entièrement la femme, destinée dorénavant à marcher l'égale de l'homme dans le triple exercice des
fonctions du temple, de l'Etat et de la famille. Si
Proudhon se déclarait hautement contre ce mouvement d'émancipation et renouvelait contre la femme
les diatribes de nos vieux auteurs, en Angleterre,
Stuart Mill écrivait « l'Assujettissement des femmes »
qui devait révolutionner le droit anglais.

Aujourd'hui, le mouvement féministe s'affirme de
plus en plus. Il y a un parti féministe, avec ses doc-
teurs et ses théoriciens, tels Secretan, Bridel, Frank...
ses congrès, ses revues, sa littérature, son drame.
Qui ne connaît la « Maison de poupées » d'Ibsen ?
« La loi de l'homme » est attaquée, même au théâtre
Français. Déjà, dans les pays du Nord, où les peuples
semblent avoir mieux gardé l'instinct de la liberté et
le respect de la personnalité humaine, l'idée féministe triomphe dans les parlements (1). Il faut désormais compter avec elle.

Si l'on examine le féminisme au point de vue philosophique, on reconnaît qu'il consiste essentiellement en ces deux idées : égalité foncière des deux
sexes, droit de tout individu au plein développement

(1) Angleterre : act. de 1882 ; Danemark : loi du 9 mai 1880 ;
Norvège : loi du 29 juin 1888 ; Finlande : loi du 15 avril 1889 ; Cf.
aussi : Code Italien de 1800 ; Code portugais de 1867 ; lois de
Genève du 7 novembre 1894, et du 5 juin 1897.

de sa personnalité et, par conséquent, à la plus entière liberté. « Je crois, qu'avant tout, je suis un être humain, au même titre que toi (1) », répond l'héroïne d'Ibsen à son mari qui lui rappelle ses devoirs d'épouse et de mère. « La personne en tant que personne est son but à elle-même, dit d'autre part M. Secretan. Toute la question est de savoir si la femme est une personne, ou si la femme existe exclusivement pour notre avantage et pour nos plaisirs (2). » Le féminisme est la conclusion logique de la théorie individualiste. Parfois même, cette glorification de l'individu va jusqu'à la négation de tout droit supérieur au droit individuel, jusqu'à l'abolition de toute loi, de toute contrainte, plus de famille, plus de mariage : cela s'appelle peut-être « l'humanisme intégral », mais ressemble beaucoup à l'anarchie.

Pour tout dire, enfin, le féminisme participe de ces aspirations généreuses, de ce besoin de réforme, de ces rêves de justice épars dans la société contemporaine, qui ont fait, en partie du moins, le socialisme. Vérité ou erreur (vérité et erreur plutôt, car il y a des deux dans ces théories), le féminisme est bien de notre temps. Et c'est pourquoi il est intéressant et nécessaire d'étudier ses conclusions.

(1) IBSEN. — *Maison de poupées.* Acte III, p. 272.
(2) CH. SECRETAN. — *Le droit de la femme,* Alcan, 1888.

Tout parti a ses radicaux et ses opportunistes : le parti féministe n'a pas échappé à la règle. C'est par les conclusions juridiques des principes communs qu'ils se distinguent. Les premiers réclament l'égalité pleine et entière de l'homme et de la femme en droit civil et en droit public, et dans le mariage la sépara- tion de biens comme régime de droit commun, avec suppression de l'autorité maritale et du devoir d'obéis- sance : pourquoi l'égal obéirait-il à son égal. Les se- conds, représentés en France par « l'Avant courière », sans s'expliquer sur le régime légal et l'autorité mari- tale, se bornent à demander pour la femme « le droit de servir de témoin dans tous les actes où le témoi- gnage de l'homme est prévu par la loi, et pour la femme mariée le droit de toucher le produit de son travail et d'en disposer librement ». Ils semblent déjà proches du succès : la Chambre des députés a adopté, le 20 février 1896, un projet de loi sur le droit de la femme mariée de disposer de son salaire et une loi récente vient enfin de reconnaître que le témoignage d'une femme valait celui de l'homme, même dans les actes de l'état civil. « L'Avant courière » porte dans ses armes un soleil se levant radieux sur une terre stérile : c'est l'aube qui paraît.

J'ai dit que le féminisme me semblait contenir à la fois vérité et erreur. Sans entrer ici dans le fond de la question, je voudrais dire en quoi à mes yeux con- siste cette erreur et cette vérité. Aussi bien est-ce le meilleur moyen de poser clairement le problème.

L'homme et la femme sont deux êtres égaux, tous deux doués d'intelligence et de volonté ; pour répondre à la question de M. Secretan, la femme comme l'homme est une personne. Je ne vois pas comment on peut discuter ce point. Si l'on cite des femmes qui furent faibles, passionnées, capricieuses, on peut citer des hommes qui ne le furent pas moins ; si les femmes dans le cours de l'histoire brillèrent plus rarement que les hommes, c'est que plus rarement elles eurent l'occasion de paraître. Et d'ailleurs, si la femme s'élève moins que l'homme, et semble parfois peu faite pour les travaux de l'esprit, n'est-ce pas surtout par défaut d'éducation. Si l'on habituait les jeunes filles « à des exercices plus sérieux que le piano forte, à des visées plus hautes que la dentelle et le velours (1) », cette prétendue infériorité disparaîtrait sans doute. Je laisse la question aux pédagogues et aux éducateurs.

N'est-ce pas aussi le résultat de l'égoïsme inconscient de l'homme qui ramène tout à lui-même comme au centre du monde. La « Revue Naturiste » tentait récemment auprès de jeunes littérateurs une enquête sur le féminisme. L'un d'eux répondait : « Quand, l'âme brûlée aux enfers de la rêverie, nous sortons d'un lieu de méditation, où nous connûmes les

(1) SECRETAN. — *Le droit de la femme.*

flammes, les glaces, les hauts pics de la pensée, la moindre amoureuse nous secoue, elle nous environne de fraîcheur, elle favorise le repos par ses propos sur les légumes, sur l'état du ciel et sur les herbes médicinales. » Et il concluait : « La femme est une servante d'amour.......... Elle complète l'homme, elle est le piédestal de sa statue (1). » N'est-ce pas dans une franchise brutale ce que pensent et agissent, sans s'en douter, une foule de très honnêtes gens.

C'est pourquoi en rappelant l'égalité native de l'homme et de la femme le féminisme a rendu un service. De cette égalité d'ailleurs une preuve domine les autres, et elle est concluante à mes yeux. On exige de la femme les mêmes devoirs que de l'homme, davantage même. Or, le devoir a pour corrélatif le droit ; vous ne pouvez nier l'un sans nier l'autre du même coup. Si la femme est capable de devoir, elle est capable de droit ; elle est une personne, l'égale de l'homme.

Mais ce n'est pas tout d'affirmer cette égalité. « On tranche beaucoup trop facilement ce problème, remarque M. Fouillée, en disant avec M. Secretan : « La personne en tant que personne est son but à elle-même, toute la question est donc de savoir si la femme est une personne, ou si la femme existe ex-

(1) Saint-Georges de Bouhélier. — Revue Naturiste, juillet 1897.

clusivement pour notre avantage et nos plaisirs. »
M. Secretan oublie la famille et la race; il traite
l'homme et la femme comme des unités abstraites
existant chacune pour soi, il néglige non seulement
la solidarité de l'individu et de la société, mais encore
la solidarité des deux sexes. L'homme et la femme,
au lieu d'être des personnalités absolument indépendantes, forment déjà un tout naturel ; ils doivent de
plus en plus former un tout moral et social. L'un ne
doit pas être la répétition et le redoublement de l'autre : il en doit être le complément. Et si vous y ajou-
tez l'enfant, en vue duquel existe l'union de l'homme
et de la femme, vous aurez la véritable trinité humaine : Trois personnes en une seule (1). »

C'est bien là, en effet, la part d'erreur que je signa-
lais dans le féminisme ; elle lui est commune avec
tout l'individualisme. L'un et l'autre ne considèrent
que l'être humain, ils l'isolent de son milieu, de sa
famille, de sa patrie, de sa race : ils en font une
abstraction, une entité, l'homme et la femme, être
fictif très différent de l'être réel qu'il représente.
Le Play a souvent signalé cette erreur de l'individualisme.

C'est surtout lorsqu'il s'agit d'établir les rapports
de l'homme et de la femme dans la famille qu'appa-

---

(1) A. FOUILLÉE. — *La psychologie des sexes. Revue des Deux-Mondes* du 15 septembre 1893.

raît tout ce qu'a d'incomplet le féminisme. Les plus
hardis concluent à l'union libre : quand on ne considère que l'individu et qu'on rejette la parole divine
qui interdit de séparer ce que Dieu a uni, pourquoi
laisser subsister le lien pesant du mariage ? N'est-ce
pas parfois un obstacle au libre développement de la
personnalité ? Les timides et les réfléchis n'osent
aller jusque-là, l'anarchie les effraie, ils sentent les
dangers de l'abstraction. « Il s'agirait ici d'atteindre
à la vérité des choses, tandis que le droit pur ne
s'établit guère sans quelque fiction », écrit M. Secretan lui-même. Et il ajoute, d'accord cette fois avec
M. Fouillé : « L'individu ne constitue pas un être
entièrement séparé des autres... L'individu ne forme
pas un tout vrai, car aucun individu ne renferme
tous les éléments constitutifs de l'espèce. Le représentant complet de l'humanité, la molécule humaine
ce n'est pas l'individu, c'est le couple... Puis les con-
tractants sont-ils seuls à considérer dans une affaire
où des tiers à naître, où les peuples, l'avenir, où
l'humanité sont aussi fortement intéressés. »
Aussi, conclut-il : « Confessant ici son impuissance,
la raison du raisonneur ne devrait-elle pas s'effacer
devant la raison de l'espèce, la coutume, la tradition ? (1). »

Le Play a démontré que la véritable unité sociale

_____

(1) SECRETAN. — *Droit de la femme*, p. 24 et suivantes.

ce n'est pas l'homme ni la femme, mais l'union des deux, la famille : la faute du féminisme est d'avoir trop souvent oublié cette vérité.

Ainsi donc — et quoiqu'on pense au point de vue philosophique et social du mouvement féministe — au moment où une société nouvelle s'élabore, la question du droit de la femme est encore une fois posée tant en droit public qu'en droit privé. En tous points, ceux qui se déclarent les défenseurs de la femme réclament pour elle l'égalité avec l'homme. Le sujet est assez grave pour qu'on ne se contente pas d'y répondre d'une chanson ou d'un haussement d'épaules.

Mais entre les multiples questions que soulève ce problème très complexe, il en est une qui paraît plus immédiatement pratique, et plus profondément grave parce qu'elle touche à l'organisation même de la famille : c'est la question de la condition de l'épouse.

On peut la formuler ainsi. L'homme et la femme sont deux êtres égaux par nature. Par le mariage l'époux s'attache à l'épouse et l'épouse à l'époux, et dans cette société que crée et vivifie l'amour, mettant pour toujours en commun leurs joies et leurs peines, leur pensée et leur volonté, toute leur vie enfin, chacun d'eux aliène une part de sa liberté. Car, en vérité, selon la parole biblique, ils ne sont plus deux, mais une seule chair.

Dans cette société de deux êtres essentiellement
égaux, dans la famille, petit monde où obscurément
s'élabore l'avenir, dans l'intérêt des époux, dans
l'intérêt de l'enfant, dans l'intérêt de la société elle-
même il faut maintenir l'unité, et pour maintenir
l'unité une autorité est nécessaire ? Cette autorité, qui
l'exercera ? Si elle est confiée à l'un des époux, si,
suivant la tradition de l'humanité tout entière, elle
appartient au mari, il en résultera pour la femme
une certaine limitation à ses droits.

Quelle est la mesure de cette limitation nécessaire
au maintien de l'unité ?

L'union des âmes doit-elle entraîner une société de
biens ; à la famille, unité sociale, faut-il un patrimoine ? Sur ce patrimoine commun quel doit être
le droit de chacun des époux ?

En un mot, comment donner à la famille l'homo-
généité et la cohésion nécessaire à sa mission, et, cependant, respecter les droits et la personnalité des
deux êtres égaux en soi qui la composent. Comment
maintenir l'unité dans la dualite, telle est la question ?

Tour à tour elle s'est posée devant les civilisations.
Suivant les idées, les besoins et les mœurs des
peuples, chacune y a répondu à sa manière : les
unes en niant la personnalité de la femme et en
l'absorbant toute en celle du mari, les autres en établissant fortement l'autorité maritale, d'autres enfin

en séparant complètement les deux époux. Seulement nous l'avons vu, à mesure que l'humanité
progresse, que la notion du droit devient plus nette
dans les consciences et se dépouille de ce que lui ont
laissé de trop rude les siècles de force, le sort de la
femme s'améliore, sa personnalité est plus respectée.
Quelle est dans notre XIXᵉ siècle finissant la réponse
que nous devons faire ; quelle doit être la condition juridique de la femme mariée en France.

C'est à la solution de ce problème que j'ai voulu
travailler, en étudiant la *capacité juridique de la
femme mariée en droit civil Français*.

CHAPITRE PREMIER

LA CONDITION DE LA FEMME MARIÉE EN DROIT FRANÇAIS

Avant de rechercher quel devrait être dans les conditions présentes le droit de la femme mariée en France, il nous faut, de toute nécessité, établir quelle est la législation actuelle. Nous chercherons donc dans ce premier chapitre à déterminer quelle est aujourd'hui la condition de la femme dans le mariage.

Mais en étudiant la condition de la femme mariée dans notre droit civil, c'est sa condition légale, telle qu'elle résulte de la loi, en dehors de toute convention que j'examinerai seulement.

Et de cela deux raisons.

D'abord c'est le droit commun de France. Le nombre est relativement faible, en effet, de ceux qui font un contrat de mariage. A Paris où en 1893 sur 23.149 mariages 3.585 seulement étaient faits avec contrat, même dans les quartiers riches, le régime légal est le régime de la majorité; il devient celui de la presque totalité des familles dans les quartiers pauvres. Sur 1.000 mariages en 1893, dans les quartiers riches, 285 étaient faits avec contrat; 59 seulement sur 1.000 dans les parties pauvres de la ville. De même pour toute la France où la proportion des unions précédées d'un contrat atteint seulement 31,59 %.

Quand on veut connaître la condition de la femme mariée en France, c'est donc la condition de la femme mariée sous le régime légal qu'il faut étudier.

Il y a une seconde raison.

Si le régime légal est celui de la grande majorité des familles, ce n'est pas que volontairement elles l'aient accepté: leur indigence le leur a imposé. L'article 1387 déclare bien que « la loi ne régit l'association conjugale quant aux biens qu'à défaut de conventions spéciales que les époux peuvent faire comme ils le jugent à propos »; et par cela même que les époux ont la faculté d'écarter le régime légal, on peut dire qu'ils sont censés vouloir s'y soumettre en ne faisant pas de contrat de mariage; mais cette liberté si générale dans les termes n'existe en fait que pour ceux qui ont quelque fortune.

Le contrat de mariage coûte cher, beaucoup hésitent devant ces frais, le peuple, en pratique, ne le connaît pas. Dans la plupart des cas, même, les futurs époux ignorent les conditions juridiques de leur association pécuniaire.

En fait donc, la liberté des conventions matrimoniales n'est qu'un vain mot pour le peuple ; le régime légal s'impose à lui, et c'est sur le législateur que pèse toute la responsabilité de la bonne organisation de ces unions. Si la femme du peuple a à souffrir de son sort, si son épargne est dissipée par son mari, si son travail est vain, ce n'est pas elle qu'il faut taxer d'imprévoyance, c'est la loi.

De là l'importance très grande du régime légal.

Quelle est donc la condition actuelle de la femme française mariée sous le régime légal ? Telle est la première question qu'il me faut résoudre.

L'un des traits caractéristiques de notre législation moderne, nous l'avons déjà remarqué, est la différence profonde qui existe entre la condition juridique de la femme libre et celle de la femme mariée. Fille ou veuve, la femme est, en droit civil, à peu près l'égale de l'homme (il n'y a plus ni droit d'aînesse, ni droit de masculinité) et peut accomplir seule les actes de la vie civil ; épouse, elle perd cette liberté, et, tombant sous la puissance de son mari, elle « ne peut désormais, en son nom personnel et pour ses propres affaires, ni ester en justice, ni faire en général des actes juridiques quelconques sans l'autorisation de son mari (1) ». Le régime légal de communauté vient encore diminuer cette capacité restreinte en faisant

(1) AUBRY et RAU. — V. § 472.

du mari l'administrateur tout puissant, le seigneur et maître de la communauté.

Etudions successivement les deux causes, incapacité légale et régime légal de communauté, qui viennent ainsi renfermer en des bornes étroites la capacité juridique de la femme pendant le mariage.

Et d'abord quel est le fondement de l'incapacité de la femme mariée. Le trouver c'est éclairer d'un seul coup tout le système du Code civil.

On a essayé diverses théories : trois idées, en effet, se présentent à l'esprit. On peut déclarer l'épouse incapable dans l'intérêt du mari à qui la femme doit obéissance, c'est la sanction de l'autorité maritale ; on peut faire de cette incapacité une protection pour la femme trop inhabile pour se diriger elle-même ; on peut y voir, enfin, la sauvegarde des intérêts communs de l'homme et de la femme, le lien nécessaire au maintien de l'unité familiale.

Quel est de ces trois systèmes celui qui a été adopté par le Code civil ?

L'historique que j'ai tracé du droit de la femme mariée en France peut faire présager la réponse.

L'état de la femme mariée n'est plus comme au temps de Beaumanoir un état de subordination, mais bien un état d'incapacité. C'est dans son intérêt, pour la protéger contre sa traditionnelle légèreté que les rédacteurs du Code ont édicté les règles de l'autorisation maritale. Si la doctrine n'est pas pure de tout mélange, si l'on trouve des règles qui ne peuvent s'expliquer que par cette soumission que, selon Pothier, la femme doit au mari « comme un inférieur, à son supérieur », du moins l'idée de la faiblesse de la femme, comme un antique souvenir, domine tout le système de notre droit : elle en est l'âme.

C'est ce qu'il me faut prouver.

J'ai dit déjà les origines de cette théorie, c'est un puissant argument en faveur de ma thèse, mais je n'y reviens pas et m'en tiens aux textes mêmes du Code.

Si l'autorisation maritale était requise dans l'intérêt seul du mari et du pouvoir marital, la femme ne devrait pas pouvoir invoquer comme cause de nullité le défaut d'autorisation. Le droit du mari a été violé, le mari seul peut attaquer l'acte fait en violation de ses droits. S'il lui plaît de le ratifier par son silence, comment pourrait-il appartenir à la femme de le faire annuler ? Par conséquent, si le mari persiste dans son silence jusqu'à sa mort l'obligation contractée par la femme en sa pleine liberté et qui était comme « obombrée et couverte par la puissance de son mari (1) » devrait à ce moment reprendre sa pleine valeur.

De même, dans cette hypothèse « la puissance maritale n'étant pas empêchement essentiel et en la

(1) GUY COQUILLE. — Question 100.

même personne de femme, mais en dehors et par accident » si le mari est dans l'impuissance de donner son autorisation, s'il est fou, absent, interdit, la femme devrait reprendre sa pleine liberté.

Enfin l'autorisation du mari n'ayant pas pour but de subvenir à l'inexpérience de la femme, mais de constater sa dépendance, le mari quoique mineur devrait pouvoir la donner, parce qu'il est le mari. Il devrait, dans tous les cas, pouvoir la donner générale et une fois pour toutes : s'il lui plaît de se dépouiller ainsi de son autorité, il en est le maître ; encore une fois, dans cette hypothèse, ce n'est pas une tutelle qu'il exerce, mais un droit propre d'autorité.

Telles sont les déductions logiques du principe posé. Or, que lisons-nous dans le Code ? Nous y lisons que la femme, comme le mari, peut attaquer l'acte fait par elle sans autorisation, que même après la dissolution du mariage cet acte demeure attaquable par la femme ou ses héritiers (article 225) ; qu'en cas d'absence du mari, d'interdiction, de folie, l'autorisation du mari doit être remplacée par celle de justice (article 222) ; que le mari mineur ne peut autoriser sa femme, au moins pour les actes que ne peut faire seul un mineur émancipé (article 224) ; que l'autorisation maritale doit être spéciale et la jurisprudence sanctionne avec énergie cette règle (article 223) ; enfin, au moins d'après la jurisprudence,

la ratification du mari ne couvre pas la nullité vis-
à-vis de la femme (1).

Tous ces textes ne font-ils pas la preuve, jusqu'à
l'évidence, que l'autorisation maritale est requise
dans l'intérêt même de la femme, et non seulement
dans l'intérêt de la puissance maritale : c'est une
sorte de tutelle romaine qu'exerce le mari.

Peut-on écrire après cela comme l'ont fait
MM. Aubry et Rau : « Sanctionner par tous les actes
de la vie civile le devoir d'obéissance imposé à la
femme, et garantir son patrimoine, en tant qu'il est
destiné à subvenir aux besoins du ménage et à assurer
l'avenir de la famille, tel est le double but que le
législateur a eu en vue en établissant la règle de
l'autorisation maritale, laquelle est moins requise
dans l'intérêt personnel de la femme elle-même, que
dans celui du mari, considéré comme chef de l'union
conjugale, et comme gardien de tous les intérêts qui
s'y rattachent (2). »

Mais comment dans ce système expliquer l'action
en nullité de la femme, comment l'autorisation de
justice, etc... ?

La puissance maritale, dit-on, « impose au mari des
devoirs et notamment l'obligation de veiller à la

(1) Cass. 1 fév. 1864. D. 64, 1, 423. — Orléans, 6 juin 1868,
D, 68 2, 194 — Douai, 20 déc. 1872. D. 73, 2, 92. — Paris,
14 nov 1887. D. 88, 2, 225.

(2) Aubry et Rau, V. 472, p. 138. Texte et note 5.

garde de tous les intérêts qui se rattachent à l'union conjugale ». Aussi l'autorisation n'est-elle pas exigée uniquement en faveur du mari, mais aussi et surtout pour la conservation des intérêts matrimoniaux qu'il représente. « Si la femme est admise à faire valoir la nullité résultant du défaut d'autorisation, c'est moins en vertu d'un droit établi à son profit particulier, qu'en vertu d'un droit qu'elle puise dans sa participation aux intérêts collectifs.... qui naissent du fait même du mariage. »

Cette explication spécieuse n'est pas concluante. En effet, si le droit pour la femme d'attaquer l'acte passé par elle sans autorisation n'était que la conséquence de sa participation aux intérêts collectifs du mariage, cette participation devrait être la mesure même de son droit. Or, il n'en est pas ainsi. La femme mariée sous le régime dotal a, comme toute autre, le droit d'attaquer l'acte fait par elle sans autorisation, alors même qu'il s'agit de l'aliénation de biens extradotaux qui n'entrent en aucune manière dans le patrimoine commun. Dans ce cas, pourtant, il ne peut être question de « protéger le patrimoine de la femme en tant qu'il est destiné à subvenir aux besoins du ménage et à assurer l'avenir de la famille ». La violation du devoir d'obéissance reste donc la seule base de la nullité. Mais elle ne peut donner d'action qu'au mari. Si donc la femme a une action personnelle, ce ne peut être qu'en vertu d'un droit à elle propre, parce qu'elle devait être protégée et qu'elle ne l'a pas été.

D'ailleurs, nulle part dans le Code la femme en présence du mari n'est considérée comme le représentant des intérêts communs. « Chez lui povre homme roi est » pourrait-on dire encore aujourd'hui.

En résumé, c'est encore l'histoire qui nous donne la solution que nous cherchons. Les rédacteurs du code se sont trouvés en présence de deux systèmes : celui de l'autorité maritale ou du mundium d'origine germaine, celui de « l'infirmitas sexus » d'origine romaine ; au lieu de choisir entre eux ils les ont sanctionnés tous les deux, et ont formulé cette théorie hybride qui est demeurée la nôtre.

L'autorisation maritale est à la fois pour le mari un droit de puissance, sanction de l'obéissance qui lui est due par la femme, et un devoir de tutelle, sanction de la protection qu'il doit à son épouse *propter infirmitatem sexus.*

Maintenant que nous connaissons le fondement de l'incapacité de la femme mariée, nous allons pouvoir en déterminer l'étendue et en expliquer les règles.

Etablissons-en d'abord l'étendue.

Le principe est posé dans les articles 215 et 217. La femme mariée et non séparée de corps ne peut ni ester en justice, ni faire un acte juridique quelconque sans l'autorisation de son mari. Mais ainsi énoncée la règle est trop absolue ; l'article 1124 l'indique lorsqu'il dit : « Les incapables de contracter sont : les femmes mariées dans les cas exprimés par la loi. »

Distinguons donc les actes judiciaires et les actes extra-judiciaires.

En matière judiciaire, la femme mariée doit toujours être pourvue d'autorisation, devant toute juridiction et à tous les degrés de l'instance, alors même qu'elle serait marchande publique ou que son contrat de mariage lui laisserait l'administration de ses biens personnels. Peu importe qu'elle agisse comme demanderesse ou comme défenderesse. Si même une instance avait été ouverte antérieurement au mariage et que l'affaire ne fût pas en état lors du mariage, l'autorisation maritale serait nécessaire pour suivre l'instance.

A ce principe la loi n'apporte que deux exceptions.

Elle permet, en premier lieu, à la femme de présenter seule la requête préalable à une demande en séparation de corps ou en divorce (1). Certains ajoutent que la même dispense existe pour la requête présentée par la femme à fin d'interdiction de son mari. Mais ce point est au moins douteux, l'incapacité de la femme mariée étant la règle et la loi n'ayant admis ici aucune exception expresse.

(1) Art. 234. C. c., art. 878 C. Pr.

Elle décide en second lieu (art. 216, C. c.) que
« l'autorisation n'est pas nécessaire lorsque la femme
est poursuivie en matière criminelle ou de simple
police », c'est-à-dire pour défendre à l'action du
ministère public poursuivant à raison d'un délit de
droit criminel, et peut-être aussi à l'action civile
formée accessoirement à l'action publique par la partie
lésée. Mais la femme poursuivie directement et principalement en dommages-intérêts à raison d'un
délit, soit devant un tribunal civil, soit même devant un tribunal de justice répressive devrait être
pour défendre munie d'une autorisation. Nous ne
sommes plus en effet en matière criminelle ou de
police, *et exceptio est strictissimi juris* (1).

En matière extra-judiciaire une distinction est, dès
l'abord, à poser. Il y a toute une catégorie d'actes
qui ne sont pas soumis aux règles de l'autorisation
maritale : ce sont les actes d'administration de la
femme. Toutes les fois que la femme, soit par l'adoption du régime dotal ou de séparation de biens, soit
par suite d'une séparation judiciaire, a des biens personnels, sur lesquels elle a droit de jouissance et d'administration, elle administre librement sans le contrôle du mari Sur les biens qui entrent dans la dot
soit en propriété, soit par leurs revenus seulement,
la femme ne peut faire, il est vrai, aucun acte d'administration, mais ce n'est pas en vertu des règles

(1) Cf. Aubry et Rau V. § 472, p. 410. Demolombe, iv, 143.

de l'autorisation maritale, c'est par suite des conventions matrimoniales : ce n'est pas la capacité d'administrer qui lui manque, mais la matière même à administrer.

Quant aux actes qui ne rentrent pas pour elle dans les limites de l'administration, la femme est soumise à l'autorisation maritale (1). Ainsi elle ne peut seule aliéner à titre gratuit ou onéreux hypothéquer, acquérir à titre gratuit ou onéreux (art. 217), s'obliger, enfin, en dehors des limites que je viens de fixer.

Mais, si elle ne peut s'obliger qu'avec l'autorisation du mari, elle peut, du moins, se trouver obligée sans cette autorisation toutes les fois que l'obligation « n'est pas subordonnée à la capacité personnelle de l'obligé », mais résulte de la loi, du fait d'un tiers, de la *versio in rem*, d'un délit ou d'un quasi délit (2).

En outre, la nécessité de l'autorisation maritale ne s'impose pas pour les actes purement conservatoires des droits de la femme, par exemple pour l'inscription de l'hypothèque légale. Aucune obligation, en effet, ne peut résulter de tels actes, et il ne s'agit pas d'instance judiciaire. Si une demande en justice devenait nécessaire, ou si, pour conserver ses droits, la femme devait s'obliger, l'autorisation maritale serait requise.

(1) Aubry et Rau. — V. § 472 et notes 21-24. — Demolombe, IV, 176-178.

(2) Gide. — *Condition de la femme*, p. 482.

Enfin, il est des actes, en petit nombre, qui ne sont jamais soumis à la règle de l'autorisation : le testament qui ne prend force qu'après la dissolution du mariage, la reconnaissance d'enfant naturel né avant le mariage, l'exercice de la puissance paternelle sur les enfants légitimes ou naturels nés avant le mariage d'un autre que du mari.

Telle est l'étendue de l'incapacité de la femme mariée ; elle atteint, on le voit, la presque totalité des actes juridiques.

Dans tous ces cas l'épouse ne peut agir sans autorisation. Mais le refus du mari est-il sans appel ; est-ce toujours à lui qu'il appartient de donner l'autorisation ; comment enfin doit être donnée cette autorisation : là surtout nous allons reconnaître la coexistence des deux théories de l'autorisation maritale.

Le droit du mari de contrôler tous les actes de sa femme découle, avons-nous dit, de l'autorité qui lui appartient comme chef de famille et du devoir de protection que la loi lui impose. Mais l'autorité peut devenir tyrannie, la tutelle oppression ; le législateur a voulu parer à ce danger. Le mari est maître chez lui mais sous le contrôle de la puissance publique. Au cas de refus de l'autorisation, la femme a un droit d'appel aux tribunaux ; c'est à eux qu'il appartient, au nom d'un intérêt social supérieur, de briser la mauvaise volonté du mari (art. 218 et 219). Toutefois, il est généralement admis par argument de l'article 4 du Code de commerce, que le magistrat ne peut autoriser la femme à faire le commerce : il peut y avoir dans ce cas, dit-on, à tenir compte de considérations très délicates, dont le mari seul peut être juge.

La femme n'est donc pas absolument sans défense juridique contre l'autorité maritale.

Mais la tutelle sur laquelle la loi a compté peut faire défaut ou cesser pour le moins d'être une garantie suffisante. Le mari peut être incapable, trop jeune pour gérer seul ses propres affaires ou atteint de folie. Si l'autorité maritale était seulement le lien nécessaire à maintenir l'unité dans la famille, l'incapacité de la femme la marque de sa dépendance, la direction morale du ménage passant en fait avec l'autorité à la femme, celle-ci devrait recouvrer sa pleine capacité. Mais, ne l'oublions pas, l'autorité maritale est une tutelle. Si le mari est dans l'impossibilité physique ou légale de l'assister, il faut à la femme une autre assistance ; la justice la lui donnera. C'est ce qui résulte des articles 221, 222, 224.

Lors donc que le mari est absent — et par cette expression il faut ici entendre non présent —; s'il est interdit, ou interné dans une maison de santé en vertu de la loi du 30 juin 1838 ; s'il a été condamné contradictoirement ou par coutumace à une peine afflictive ou infamante ; s'il est mineur, au moins pour les affaires qui dépassent les limites de la capacité d'un mineur émancipé ; enfin s'il est pourvu d'un conseil judiciaire (1), l'autorisation maritale insuffisante ou impossible doit être remplacée par l'autorisation de justice.

L'incapacité de la femme reste la même ; le tuteur seul change. Le législateur n'a pas voulu qu'un accident personnel au mari privât la femme de la garantie qui lui était due.

Mais après s'être montré si soucieux des intérêts de l'épouse, si bon protecteur de sa faiblesse le Code semble avoir oublié les éléments même de la prudence. Si l'on admet que la femme mariée a besoin de protrction et doit être assistée par le magistrat toutes les fois que l'assistance de son mari ne lui est pas une garantie suffisante, il y a deux cas, semble-t-il, où l'intervention de justice était indispensable. C'est d'abord lorsqu'elle contracte avec son mari et ensuite lorsqu'elle a obtenu contre lui la séparation de corps. Si la femme est incapable de défendre ses intérêts contre les tiers, comment les défendrait-elle contre l'influence journalière de son mari ? Si

(1) La loi est muette sur ce point, mais c'est une conséquence nécessaire de l'idée que l'autorisation maritale n'est pas seulement la marque de la dépendance de la femme, mais une mesure de protection. Comment un incapable pourrait-il autoriser un incapable ? Cf. Locré. — *Leg.* IV, p. 524 n° 68, Demolombe, IV, 226.

le mari veut la spolier, qui la défendra et lui montrera le danger des cautionnements, des aliénations, etc., qu'il lui demande ? Et est-il sage aussi ou même logique de conserver au mari contre lequel la séparation de corps a été prononcée le droit d'autoriser sa femme. Il est bien le mari, c'est vrai, mais quelle confiance peut-on avoir en son assistance et ses conseils.

Et cependant ni quand la femme contracte avec son mari, ni quand elle a obtenu contre lui la séparation de corps, le Code n'a remplacé l'autorisation maritale par celle de justice. La femme peut s'obliger solidairement avec son mari, rétablir la communauté dissoute par la séparation de biens, céder son hypothèque légale aux créanciers du mari, etc., sans autre assistance que celle du mari dans l'intérêt duquel elle agit. Où est cette protection que le Code a voulu établir au profit de l'épouse ?

Au fond, les rédacteurs du Code semblent avoir oublié qu'ils avaient fait de la femme une incapable. C'est la théorie du droit du mari qui apparaît et qui triomphe ici.

La loi du 6 février 1893, en rendant à la femme mariée, après la séparation de corps, le plein exercice de sa capacité civile, sans qu'elle ait besoin de recourir à l'autorisation de son mari ou de justice (art. 311 nouveau) a fait heureusement cesser une de ces anomalies. L'autre subsiste encore ; elle est cependant tout aussi incompréhensible dans le système du code.

Un moment, oubliée l'idée de l'autorisation maritale considérée comme tutelle reparaît dans le principe de la spécialité de l'autorisation.

La protection accordée à l'épouse ne peut être efficace qu'à la condition d'être donnée pour chaque acte, pour chaque procès. Ne serait-ce pas, en vérité, trop commode façon de surveiller les actes d'un incapable que de lui donner d'un seul coup toutes les autorisations nécessaires ? S'il peut être loisible à un individu de ne pas exercer un droit de puissance établi dans son intérêt, il ne peut être permis de se démettre ainsi d'une charge établie dans l'intérêt d'un autre. C'est le fondement de la théorie de la spécialité.

L'autorisation doit être donnée pour chaque acte séparément, les sommes ou objets sur lesquels il doit porter étant exactement spécifiées. Selon Demolombe, il faudrait aller plus loin encore, et ne reconnaître comme spéciale que l'autorisation donnée pour une époque déterminée et après examen des principales conditions de l'acte. C'est aussi la doctrine suivie dans un certain nombre d'arrêts, et on ne saurait méconnaître qu'elle est bien dans l'esprit de la loi. Jamais, par conséquent, le mari ne pourra donner à sa femme une autorisation générale d'hypothéquer ses biens, par exemple ; une telle autorisation ne présenterait pas de suffisantes garanties.

Le législateur n'a admis à cette règle qu'une seule exception (elle est traditionnelle) en faveur de la femme marchande publique. En autorisant sa femme à faire le commerce, le mari est censé l'autoriser à passer tous les actes intéressant son commerce et même dans ces limites à hypothéquer ou aliéner ses immeubles. La rapidité des transactions commerciales imposait cette exception. Mais la règle de l'autorisation maritale et de la spécialité conserve toute sa force en matière judiciaire : la femme, même marchande publique, ne peut sans autorisation spéciale, ester en justice, même dans les contestations relatives à son commerce (art. 215). Lorsque le législateur admet une exception à l'incapacité de la femme, il semble, on le voit, ne l'accorder qu'à regret.

D'ailleurs, dans tous les cas où elle est requise, l'autorisation maritale peut être expresse ou tacite, résulter d'un écrit ou du concours du mari dans l'acte, ou de tout autre fait prouvant évidemment son consentement, la disposition de l'article 217 ne paraissant pas devoir être interprétée limitativement.

Mais cette autorisation est toujours précaire. Comme il l'a donnée, le mari peut la révoquer, tant que l'affaire n'est pas achevée. Il peut même retirer à sa femme le droit de faire le commerce ; c'est une conséquence logique de l'autorité maritale.

Si l'autorisation avait été donnée par la justice, il

y aurait lieu de distinguer. Si la femme s'était adressée à la justice en cas de refus du mari, c'est une véritable contestation que le juge aurait tranchée ; le mari n'aurait d'autre recours que l'appel. Comment révoquerait-il une autorisation qui a été donnée malgré et contre lui. Si la justice n'était intervenue qu'à défaut du mari, en son absence par exemple, le mari, semble-t-il, pourrait révoquer l'autorisation par un simple acte extrajudiciaire. Ce n'est pas un jugement, en effet, qu'il s'agit de faire tomber, et on ne saurait procéder par la voie de la rétractation.

En tous cas, la révocation, d'où qu'elle vienne, laisse intacts les droits des tiers acquis antérieurement, soit même depuis si elle ne leur était connue au moment où ils ont acquis leurs droits (1).

Une femme mariée en droit ne peut agir sans autorisation ; en fait, il peut arriver qu'elle s'en passe. Quelle sera la valeur de l'obligation contractée ou du jugement obtenu dans ces conditions?

Ici encore on retrouve confondues les diverses théories de l'autorisation maritale.

En aucun cas le tiers qui a contracté avec la femme non autorisée, ou contre lequel a été rendu le jugement ne peut invoquer l'incapacité comme cause de nullité. La nullité pour défaut d'autorisation n'est pas absolue et d'ordre public, mais purement rela-

(1) Cf. art. 2.009.

tive, ayant son principe dans les droits distincts du mari et de la femme.

En contractant sans le consentement du mari, en effet, la femme s'est soustraite à l'obéissance qu'elle lui doit, selon l'expression de Portalis « comme un hommage rendu au pouvoir qui la protège ; » le mari dont l'autorité a été méconnue, peut donc faire tomber l'acte ou le jugement rendu. La femme de son côté a manqué de l'assistance nécessaire pour compléter sa capacité, de « l'auctoritas » du mari, pour employer une expression romaine, et sa capacité n'étant pas entière elle n'a pu donner un consentement valable : comme à tout incapable ayant agi sans protection l'action en nullité lui appartient.

« La nullité fondée sur le défaut d'autorisation, dit l'art. 225, ne peut être opposée que par la femme, le mari », et il ajoute « ou par leurs héritiers » ; les héritiers de la femme dans tous les cas où celle-ci aurait pu ententer l'action ; les héritiers du mari seulement au cas où ils y auraient intérêt. Les créanciers de la femme eux-mêmes pourraient, semble-t-il, invoquer la nullité, dans la personne de la femme, l'action étant fondée sur un intérêt pécuniaire ; l'action du mari, au contraire, étant fondée sur un intérêt moral ne pourrait être invoquée par ses créanciers (1).

(1) Cf. BEUDANT. I. p. 469.

Comme toute nullité relative, enfin, la nullité résultant du défaut d'autorisation peut se couvrir.

Elle peut être couverte par la prescription de dix ans (1304) : les dix années courant à partir de la dissolution du mariage. C'est dire que non seulement pendant le mariage, mais encore pendant dix ans après sa dissolution les tiers qui ont contracté avec une femme mariée non autorisée peuvent se voir troublés par l'action en nullité.

Elle peut être couverte encore par la ratification soit expresse, soit tacite des deux époux. Certains auteurs admettent cependant que la ratification émanant du mari seul a le pouvoir d'éteindre l'action en nullité de la femme, et de donner à l'acte sa pleine valeur. Mais c'est méconnaître le double fondement que nous avons reconnu à l'autorisation maritale. Si l'incapacité de la femme n'était établie que dans l'intérêt du mari, on comprendrait que sa seule ratification soit nécessaire ; puisqu'elle l'est aussi — et les textes ne laissent pas de doute sur ce point — dans l'intérêt de la femme, la femme ne peut être privée de son action par la seule volonté du mari. Aussi cette opinion est-elle rejetée par la majorité de la doctrine et la jurisprudence (1).

Telles sont les règles de l'autorisation maritale ;

(1) BEUDANT, 1, 472.

GIDE. — *Condition privée de la femme* (édition Esmein) p 472 et suiv.

elles peuvent se résumer ainsi. Toute femme par le fait du mariage perd sa capacité primitive ; elle ne peut désormais ni agir en justice, ni faire un acte juridique quelconque sans l'assistance de son mari. Sans ce consentement qui vient donner force à sa volonté et remédier à sa faiblesse, elle ne peut faire un acte pleinement valable. La loi, qui semble se défier d'elle, l'a mise comme en tutelle. C'est la consécration de la subordination de la femme, mais aussi d'une inégalité complète entre les deux époux (1).

*
* *

La question de la condition de la femme mariée sous le Code civil n'est pas épuisée. Jusqu'ici je n'ai indiqué que les conséquences du principe de l'incapacité de la femme mariée, il me reste à étudier le sort fait à la femme par le régime de communauté légale.

Les règles de l'autorisation maritale nous ont déjà montré la prééminence donnée par le Code à l'homme sur la femme ; c'est le même principe qui a prévalu dans l'organisation de la communauté. Nos anciens auteurs disaient que le mari est seigneur et maître des biens communs ; on dit aujourd'hui avec plus d'exactitude peut-être qu'il en est l'administrateur tout puissant « cum libera potestate administrationis » ; sous la vêture neuve des mots la vieille idée a survécu. Comme il est le chef de la famille au

(1) AUBRY et RAU V. p. 165, texte et note 118.

point de vue moral, le mari est le maître des biens ; et l'idée d'association est voilée, au moins quant à l'administration, par celle d'autorité.

En droit, sinon en fait, l'épouse n'est pas l'associée vigilante, le conseiller des heures difficiles, la compagne, enfin, dans toute la force du mot ; la loi n'a vu en elle que la ménagère vouée aux soins domestiques et, soit par crainte de sa légèreté ou de son inexpérience, soit dans le seul dessein de fortifier la puissance du mari et d'assurer l'unité d'action, pour ces deux raisons ensemble peut-être, elle l'a écartée de l'administration du patrimoine commun.

C'est l'impression qu'on retire de la lecture impartiale des articles du Code civil. Qu'on étudie successivement les droits de la femme sur les biens de communauté ou sur ses biens personnels, on verra l'omnipotence du mari partout consacrée.

Sur ses biens personnels d'abord.

Les règles de l'autorisation maritale restreignent singulièrement, nous l'avons vu, la capacité de la femme mariée, le régime légal vient encore diminuer cette capacité restreinte. Sur les biens qui lui restent propres, si elle garde le droit de propriété et de libre disposition testamentaire, l'épouse est dépouillée de tout droit de jouissance et d'administration ; la jouissance appartient à la communauté et l'administration est aux mains du mari chef de la communauté (art. 1428). C'est à lui qu'il appartient

de louer les biens de la femme, de poursuivre le paiement de ses créances, et d'en toucher le montant ;
même, d'après certains auteurs (1), de les céder s'il
le veut sans aucune intervention de son conjoint.

La capacité de la femme d'ester en justice se trouve
également limitée : le mari ayant l'administration
des biens de la femme exerce ses actions mobilières
et ses actions immobilières possessoires ; les actions
pètitoires concernant les propres immobiliers restent
seules aux mains de la femme autorisée comme de
droit. Le jugement rendu dans ces conditions contre
le mari est opposable à la femme comme si elle avait
figuré à l'instance ; elle ne pourrait donc pas, sauf
peut-être le cas de collusion, l'attaquer par la voie
de tierce opposition : cette voie de recours, en effet,
n'est ouverte qu'à ceux qui n'ont pas été partie au
procès, dans lequel leurs intérêts ont été lésés, et la
femme y a été partie en la personne de son mari. La
chose jugée avec le mari est chose jugée avec la
femme ; et celle-ci doit respecter le jugement si de-
sastreux fût-il pour elle.

Son pouvoir de s'obliger, déjà singulièrement restreint par les règles de l'autorisation maritale, subit
également des restrictions nouvelles du chef de la
communauté. Désormais le revenu des propres faisant partie de l'actif commun, la femme ne peut

(1) Aubry et Rau, V. § 522, texte et note 33.

contracter d'obligations exécutoires sur la pleine pro-
preté de ses propres sans le consentement du mari
représentant de la communauté. Et, ce qui aggrave
sa situation, le refus d'autorisation du mari est ici
sans appel, l'autorisation de justice ne pouvant être
suffisante pour obliger les biens communs. La justice.
en effet, ne peut autoriser la femme qu'à s'obliger
valablement elle-même, et avec elle ses biens. Or,
pendant la durée de la communauté la femme n'a
d'autres biens que la nue-propriété de ses biens
propres, la jouissance en ayant été abandonnée à la
communauté ; elle ne peut donc, avec l'autorisation
de la justice, engager que cette nue-propriété.

Elle ne saurait de même aliéner la pleine propriété
de ses propres avec la seule assistance du juge, une
telle aliénation engageant la communauté, usufrui-
tière des propres, et le mari seul pouvant disposer
des biens communs.

La capacité restreinte de la femme, telle qu'elle
résulte des règles de l'autorisation maritale, n'a donc
pour domaine que la nue-propriété des propres. La
communauté, en somme, est une lourde aggravation
de l'incapacité de la femme mariée.

Cette limitation des droits de l'épouse sur ses biens
personnels est-elle au moins compensée par un droit
propre sur les biens communs ?

Il n'en est rien.

Sur les biens communs la femme tant que dure le.

mariage ne peut exercer aucun droit ; elle est associée, mais pendant l'association tous les les pouvoirs
sont centralisés entre les mains du mari. « Quels
sont les droits de la femme ? disait Duveyrier dans
son rapport au Tribunat. Elle n'en a point tant que
la communauté existe, ni dans l'administration, ni
dans la disposition des biens qui la composent. »
Louis XIV disait : l'Etat c'est moi ; le mari commun
en biens peut dire : la communauté c'est moi.

C'est ce que décide, en d'autres termes, l'article
1421 : « Le mari administre seul les biens de la communauté. Il peut les vendre, aliéner, et hypothéquer
sans le consentement de la femme. »

On voit quelle ampleur atteignent les droits d'administration du mari sur les biens communs : ce
sont presqu'en tous points les droits du propriétaire.

A ces prérogatives exorbitantes la loi n'apporte
que deux restrictions.

La première restriction est relative aux actes de
disposition à titre gratuit entre vifs des immeubles.
Le droit du mari de disposer à titre gratuit de ces
biens est réduit à la simple faculté de doter les enfants communs (art. 1422).

Mais de la partie mobilière des biens communs,
au contraire, le mari peut disposer entre vifs à titre
gratuit au profit de toute personne. Il peut s'il lui
plaît dépouiller sa femme au profit de sa maîtresse,
faire passer la dot de l'une à l'autre. Pourvu que la

donation soit faite à titre particulier, et sans réserve
,d'usufruit, la femme lésée ne peut faire entendre
aucune protestation (art. 1422).

La seconde restriction concerne le droit de disposer par testament des biens communs.

L'art. 1423 dispose que le mari ne peut léguer par
testament plus que sa part en communauté, et
l'effet du legs particulier d'un bien commun consenti par lui, est subordonné à la condition que ce
bien sera attribué dans le partage aux héritiers du
mari.

A ces restrictions légales la majorité des auteurs
en ajoute une autre. D'après eux, les actes du mari
sur les biens communs ne seraient valables qu'autant qu'ils n'auraient point été faits en fraude des
droits de la femme. Mais, bien entendu, le droit de la
femme lésée par un acte frauduleux n'irait pas jusqu'à faire rescinder l'acte ; il se bornerait seulement
à exiger du mari lors de la dissolution, s'il est sol-
vable, une indemnité pour le dommage qu'elle a
subi par sa faute. En tous cas c'est à la femme
qu'il appartiendrait de prouver la fraude dont elle sè
prétend victime.

En dehors de ces quelques restrictions, bien peu
gênantes, on le voit, pour le mari, les droits du mari
sur les biens communs sont ceux d'un propriétaire.
Comme le propriétaire il a le *jus utendi* et *abutendi* ;
il peut laisser périr les biens communs ; pourvu

qu'il agisse sans fraude il ne pourra pas être inquiété par la femme.

Ayant le droit de disposer directement des biens communs, le mari a le droit d'en disposer indirectement en les engageant par ses dettes. C'est là peut-être le droit le plus dangereux pour les intérêts pécuniaires de la femme.

Durant la communauté, en effet, le patrimoine propre du mari se confond à l'égard des tiers avec les biens communs, et ceux-ci peuvent faire exécuter, à leur gré, sur l'un ou l'autre de ces deux patrimoines, les obligations à eux consenties par le mari, eûssent-elles un caractère exclusivement personnel. Toute dette du mari, dit-on, est dette de la communauté.

C'est la règle que formule l'article 1409 en chargeant la communauté de « toutes les dettes, tant en capitaux, arrérages ou intérêts, contractées par le mari pendant la communauté ».

La dot de la femme peut ainsi être dissipée sans que même elle ait pu avoir connaissance des agissements du mari, son consentement n'étant pas nécessaire pour rendre les obligations du mari exécutoires sur les biens communs.

Le législateur, il est vrai, a tenté de rétablir, après coup, l'équilibre entre les époux par la théorie des récompenses. Si, à l'égard des tiers, les dettes du mari peuvent toujours être exécutées sur les biens com-

muns, ce n'est que provisoirement et sauf le règlement à intervenir entre les époux lors de la dissolution de la communauté et du partage des biens
communs. Toutes les fois que le mari aura acquitté
avec des biens communs une dette purement personnelle, il devra rapporter dans la masse à partager
une somme égale à celle qu'il y aura prise. La femme
retrouvera donc, en principe, dans la masse les
sommes que le mari aura dépensées pour son usage
personnel : c'est pour elle une importante garantie.

Mais, il faut le reconnaître, l'importance de la
théorie des récompenses est toute théorique. Qu'on
suppose, en effet, le mari insolvable et il deviendra
impossible de reconstituer, suivant le vœu de la loi,
le patrimoine commun dans son intégralité. La
femme se trouvera définitivement lésée.

Tels sont les droits du mari sur les biens communs. Il peut en disposer, on le voit, dans la plus
large mesure, soit directement par des actes d'aliénation, soit indirectement par les obligations qu'il
contracte même dans un intérêt purement personnel.

Quels vont donc être les droits de la femme, en
dehors des droits éventuels à la part qui lui revien-
dra lors du partage ?

Pour tout ce qui touche l'administration, nous
l'avons vu le Code est formel : la femme n'a aucun
droit sur les biens communs tant que dure le mariage ; le mari seul a le droit de les administrer.

Quant au pouvoir d'obliger les biens communs,
la femme n'étant pas maîtresse de la communauté ne peut, sauf lorsqu'elle a été autorisée à faire
le commerce, les obliger sans le concours du mari.
Encore peut-on se demander si c'est bien l'engagement de la femme, et non l'intervention du mari
qui produit des effets sur les biens communs.

Remarquons que dans ce cas l'autorisation de justice ne pourrait même, en principe, remplacer celle
du mari. L'autorisation de justice peut bien habi-
liter la femme à exercer les droits qui sont dans son
patrimoine, elle ne peut lui permettre d'exercer des
droits sur un patrimoine qui est considéré comme ne
lui appartenant pas. La loi ne fait d'exception à ce
principe que lorsque la femme s'oblige pour tirer son
mari de prison, ou pour, en son absence, établir les
enfants communs (art. 1427) : dans ces deux cas
l'autorisation de justice suffit pour que la femme
puisse engager les biens communs.

Ce sont les seuls droits de la femme sur les biens
communs pendant le mariage : on voit qu'ils se réduisent à peu de chose puisqu'il suffit d'un caprice
du mari pour les anéantir.

S'il est, pourtant, une catégorie d'actes qui rentrent
bien dans le domaine de la femme, ce sont, certes,
tous ceux qui constituent l'administration intérieure
du ménage, les achats de fourniture, de vivre, de
vêtements, tant pour la famille que pour la femme

elle-même. Il semble que pour ces actes la femme devrait pouvoir agir avec un pouvoir propre, sans être obligée de faire intervenir le mari, d'autant que cette intervention peut être souvent impossible en fait. Ne serait-ce pas, d'ailleurs, la réalisation d'une heureuse division des fonctions dans le ménage ? Il n'en est rien cependant.

Si l'on s'en tenait à la rigueur des principes, les obligations ainsi contractées par la femme seule à l'égard des fournisseurs ne devraient pas être exécutoires sur les biens communs. Si, en pratique, on admet que la femme a pu, en agissant ainsi, obliger la communauté, c'est par un détour, et en supposant entre elle et le mari un mandat tacite d'obliger la communauté pour les besoins du ménage. En dehors des limites de ce mandat la femme n'a aucun droit, et les obligations contractées par elle sont sans effet : elles ne pourraient même pas être exécutées sur ses biens propres, puisqu'elle a agi sans autorisation.

Et encore, ce mandat, comme tout mandat, est essentiellement révocable ; le mari peut toujours le faire cesser : une note insérée dans les journaux suffit à retirer à la femme le droit d'obliger la communauté.

La femme, en contractant pour les besoins du ménage, n'a d'autres droits, en somme, que ceux d'une servante agissant pour son maître.

De même pour l'épargne. De tout temps on a considéré que dans le ménage le rôle de la femme était de conserver, tandis que celui du mari était d'acquérir, et on a fait de la femme l'agent d'épargne de la famille. Là encore, cependant, le Code civil laisse la femme sans autre droit que ceux qu'elle peut tenir du mari.

Tout le mobilier appartenant à la communauté c'est pour la communauté que la femme économise. A cela rien d'anormal, en principe ; les époux ayant confondu leurs intérêts, on comprend qu'aucun d'eux ne puisse prendre sur la masse commune pour se constituer un bien propre. Mais, tant que dure le mariage, la communauté, c'est le mari, lui seul a le droit de disposer du mobilier commun, à lui seul, en réalité, appartient l'épargne constituée par la femme. Si donc, péniblement, sur son propre travail même, la femme prévoyant les jours mauvais constitue quelque réserve, le mari, en vertu de ses pouvoirs, pourra toujours se l'approprier, sans que la femme au nom des intérêts de la famille ait le droit d'intervenir.

Lors de la création des caisses d'épargne postales par la loi du 9 avril 1881, on songea, il est vrai, à élargir les droits de la femme mariée en matière d'épargne. Mais la loi, loin de contredire la théorie du Code civil, la suppose.

« Les femmes mariées, dit l'art. 6 de la loi, quel que soit le régime de leur contrat de mariage, seront admises à se faire ouvrir des livrets sans l'assistance de leurs maris; elles pourront retirer sans cette assistance les sommes inscrites aux livrets ainsi ouverts sauf opposition de la part du mari. »

Que résulte-t-il de là? Que la femme peut librement et en vertu d'un droit propre économiser sur les deniers communs? Nullement: le législateur n'a pas voulu porter atteinte aux principes de la communauté, mais seulement favoriser l'épargne dans un intérêt social. Comme il a été déclaré au Sénat: « La femme n'est ici que mandataire du mari...... Elle agit en vertu d'un mandat tacite. »

L'historique de la loi même en est la preuve. Si la femme agissait avec un droit propre et comme associée, son concours serait nécessaire pour le retrait des dépôts, et jamais le mari, n'ayant qu'une mi-propriété sur ces épargnes, ne pourrait les retirer seul. Or, un amendement de M. Bozérian proposant de n'admettre le retrait par le mari des dépôts faits par la femme qu'avec le concours de celle-ci a été rejeté par le Sénat. Le mari peut donc opérer seul ce retrait: c'est bien dire que la femme n'a agi qu'en son nom, à lui mari, et en vertu d'un mandat toujours révocable.

Sous le régime de la communauté légale, donc, les sommes versées par la femme à la Caisse d'épargne ne cessent pas de faire partie de la communauté, et restent comme telles soumises aux droits du mari.

La femme, en vertu d'une délégation tacite du mari, a seulement sur ces biens un certain droit d'administration. Mais le mari peut toujours s'opposer à ce que les dépôts soient retirés par la femme, il peut les toucher lui-même, et la loi du 20 juillet 1895 a même organisé à cet effet une procédure spéciale.

Il ne faut donc pas voir dans ces lois une émancipation de la femme ; elles se bornent, en somme, à établir une présomption de mandat tacite de la part du mari dans l'intérêt de l'épargne ; elles ne modifient en rien le système du Code civil, l'article 1421 reste intact (1).

Quant à la loi du 20 juillet 1886 sur la Caisse nationale des retraites, l'extension qu'elle apporte aux droits pécuniaires de la femme est plus réelle. Elle a adopté un système qui lui est propre et qui modifie les règles ordinaires des relations pécuniaires entre les conjoints.

L'article 13, alinéa 4, de la loi autorise la femme mariée, même commune en biens, à faire seule sans l'assistance du mari les versements nécessaires pour obtenir le bénéfice de la retraite. C'est là une première dérogation aux droits d'administration du mari, qui peut, cependant, s'expliquer encore peut-être par l'idée d'un mandat tacite.

(1) BAUDRY-LACANTINERIE. III.

PLANIOL. — *Revue critique*, 1882 ; les Caisses d'épargne et le régime de communauté.

Mais il y a plus. Tandis que les dépôts faits à la
Caisse d'épargne appartiennent à la communauté
comme tout bien meuble, les versements faits à la
Caisse nationale des retraites par l'un des conjoints
profitent séparément à chacun d'eux pour moitié.
Ils peuvent même profiter pour le tout à l'époux dé-
posant dans certains cas : si, par exemple, son conjoint est absent depuis plus d'un an, ou s'il a atteint
le maximum soit des versements annuels, soit de la
rente viagère. La femme peut donc en versant ses
épargnes à la Caisse des retraites, acquérir une rente
viagère qui lui soit absolument propre, et se constituer, même sous la communauté, un bien qui soit
hors de la puissance du mari.

Il y a là, il faut le reconnaître, une modification
remarquable des règles de la communauté, et une
institution capable de parer dans une certaine mesure aux effets désastreux des droits du mari sur les
produits du travail de la femme. Il ne faut pas oublier
toutefois que le mari reste le maître des salaires de
la femme, et peut empêcher celle-ci de profiter des
bienfaits de la loi nouvelle, en exigeant, comme il en
a le droit, que ces salaires soient payés entre ses
mains.

Telle est la seule modification que les lois nouvelles aient apportée aux droits de la femme sous le
régime de communauté. A part cette exception, la
femme, tant que dure la communauté, n'a sur les

biens qui en dépendent qu'un droit tout théorique, la jouissance, l'administration, la disposition des biens communs appartenant au mari. Même dans la sphère des intérêts domestiques, même en matière d'épargne, elle n'a d'autres pouvoirs que ceux qu'elle tient de lui, en vertu d'une délégation expresse ou tacite toujours révocable.

« La coustume, disait déjà Dumoulin, en considération de ce que la femme naturellement honteuse et délicate ne peut et ne doit être partout pour y négocier, faict le mary administrateur de la communauté pour la conduire, *non comme un associé sujet à compte ou autre controolée, mais comme prince et chef de sa famille* ». C'est encore le meilleur commentaire de notre droit moderne. « Non est proprie socia, sed speratur fore » disait ailleurs le même Dumoulin de la femme commune. C'est bien là, en effet, l'aspect sous lequel se présente le rôle de la femme dans la gestion du patrimoine commun.

Pour être exact, cependant, je suis forcé de reconnaître que la pratique a, dans une certaine mesure, modifié la théorie du Code. Il est des cas où la femme peut exercer un certain contrôle sur les biens communs, et a même un droit, assimilable, en certains de ses effets à l'ancien douaire, sur les biens de son mari. Je veux parler du cas où la femme a une hypothèque légale.

Pour assurer, autant que possible, les récompenses

dues par le mari à la femme, ou les reprises que celle-ci a le droit d'exercer, la loi accorde à toute femme mariée une hypothèque dispensée d'inscription. Cette hypothèque frappe tous les immeubles du mari, et d'après la jurisprudence qu'on ne saurait trop louer, elle s'étend jusque sur les conquêts immeubles. Mais la femme peut la céder ou y renoncer, cette renonciation résulte même nécessairement de son concours à l'acte d'aliénation d'un de ces immeubles comme co-venderesse, garante ou caution du mari (1). Toutes les fois donc qu'il hypothèque ou aliène un immeuble à lui propre ou commun, le mari a en fait besoin de l'intervention de la femme. Sans cette intervention les tiers ne traiteraient pas, menacés qu'ils seraient de voir leur acquisition leur échapper par l'exercice des reprises dotales.

Dans toutes les obligations du mari, même, les tiers prudents font, en pratique, intervenir la femme pour se faire subroger par elle à son hypothèque légale, et par ce détour, l'épouse exerce sur les immeubles propres du mari un droit qui est la contrepartie des pouvoirs exorbitants du chef de la communauté, et qui rétablit quelque peu l'équilibre de la société conjugale.

Il y a plus. Comme d'après la jurisprudence, l'hypothèque légale frappe les conquêts, la femme est, dans

(1) Loi du 13 février, 1889.

la pratique, appelée à intervenir dans tous les actes du mari engageant les biens communs ou seulement exécutoires sur ces immeubles. Dans les actes les plus importants de la vie civile, lrosque le mari ou la communauté est propriétaire d'immeuble, les deux époux pratiquement agissent donc en commun. « De même que la femme, dit Gide, n'agit jamais sans l'autorisation de son mari, le mari, de son côté, n'agit presque jamais sans le concours de sa femme ; la collaboration est incessante entre les deux association (1) ».

Mais une remarque vient singulièrement réduire l'importance de cette théorie. « Cette participation assidue au gouvernement du ménage » dont les louangeurs de notre système légal ne manquent pas, et avec raison, de tirer argument, n'existe qu'autant que le mari ou la communauté a des immeubles. Sans immeubles pas d'hypothèque légale, pas de collaboration de la femme par conséquent, et le mari peut user en toute liberté de l'omnipotence que lui donne son titre de chef de la communauté. A une époque comme la nôtre, où la fortune est avant tout mobilière, où l'épargne se constitue plus en capitaux qu'en fonds de terre, il faut donc reconnaître que le plus souvent l'hypothèque légale, manquant de base, n'aura pas ces heureux effets.

(1) GIDE. — *Condition de la femme*, p. 545.

La loi n'a-t-elle donc, au moins, organisé aucun moyen de défense pour la femme contre les pouvoirs exorbitants et trop souvent sans contrôle du mari?

Le législateur, au contraire, a entouré la femme de garanties. Il semble qu'après avoir confié tous les droits au mari, il s'en soit tardivement repenti et qu'il se soit méfié après coup de celui à qui il avait d'abord témoigné toute confiance. Malheureusement, ces moyens de défense ne sont pas ausi efficaces qu'on le voudrait.

Une première garantie résulte pour la femme de son hypothèque légale. Elle lui permet, en effet, de primer les créanciers chirographaires inscrits postérieurement au mariage sur les immeubles du mari et même, d'après la jurisprudence, sur les immeubles communs, et d'obtenir ainsi les reprises et les récompenses auxquelles elle a droit. Mais nous venons de voir comment trop souvent cette garantie était illusoire, et tendait même à le devenir chaque jour davantage.

Elle a, de plus, le droit de s'affranchir de toute charge du chef de la communauté, et, notamment, des dettes contractées par le mari en renonçant à la communauté, ou tout au moins de limiter ces charges au bénéfice qu'elle retire de l'association conjugale en n'acceptant la communauté que sous bénéfice d'inventaire. Comme la femme n'a pas été associée à la gestion ruineuse, il est juste, en effet, de ne pas l'en rendre responsable. Mais pour pouvoir user de la faculté de renoncer ou d'opposer le bénéfice d'émolument, la femme est obligée d'abandonner tout droit sur l'actif commun, même sur les biens qui y sont entrés de son chef en tant qu'apports ou produits de son travail : elle peut ainsi perdre sa dot et le fruit de longues années de labeur. On voit combien limitée est cete garantie. C'est d'ailleurs un remède insuffisant, parce qu'il arrive après la ruine consommée.

Une autre garantie pour la femme consiste dans le droit qu'elle a, lors de la dissolution, de prélever sa part dans la communauté avant le mari, même d'exercer ses reprises, en cas d'insuffisance des biens communs, sur les biens personnels du mari. C'est pour elle, on le conçoit, un avantage précieux. Mais il pourra dans bien des cas être purement théorique. Il suffit de supposer le mari insolvable, et les biens communs dissipés, pour que le droit de préemption ne puisse pas fonctionner.

Enfin lorsqu'elle voit les affaires mal tourner, et avant qu'elles soient dans un état désespéré, la femme peut demander la séparation de biens.

« La séparation de biens, dit l'article 1443, ne peut être poursuivie qu'en justice par la femme dont la dot est mise en péril et lorsque le désordre des affaires du mari donne lieu de craindre que les biens de celui-ci ne soient pas suffisants pour remplir les droits et les reprises de la femme. »

Malheureusement, la séparation de biens une fois prononcée, la femme ne va pas recouvrer son indépendance ni être à l'abri des dilapidations du mari.

On aurait pu le croire, cependant. Bien que le mauvais état des affaires du mari puisse, en certains cas, résulter d'une cause étrangère à sa volonté, la plupart du temps, en effet, il dénote une incapacité notoire, une grave impéritie ou un esprit de prodigalité : autant de causes qui rendent pour la femme la tutelle du mari nuisible et dangereuse. Cette tutelle, semble-t-il, devrait donc disparaître. Quoique limitée elle subsiste, cependant. La communauté est dissoute ; la femme reprend la direction de son patrimoine, elle en a la jouissance et la libre administration sans avoir besoin de l'autorisation maritale ; même, elle peut disposer librement de ses meubles à titre onéreux et contracter des obligations au moins dans les limites de l'administration. Mais elle ne peut en aucun cas aliéner ou hypothèquer ses immeubles sans le consentement spécial de son mari, ou à son refus sans être autorisée de justice. Le mariage subsiste et malgré la séparation de biens la dépendance de la femme n'a pas cessé.

Bien plus, le mari demeurant toujours le chef du ménage c'est à lui que la femme doit verser sa part contributoire aux dépenses de la famille ; elle ne pourrait pas, malgré une certaine jurisprudence, en être dispensée par la justice. Le mari pourra donc

continuer à dépenser follement cette part des revenus
de la femme, laissant sa famille dans le besoin, sans
que la femme ait d'autre ressource que de demander,
si elle peut l'obtenir, la séparation de corps ou le
divorce. Tel est, en effet, le pouvoir marital qu'il
survit même à l'inhabileté évidente ou à la prodigalité constatée de celui qui l'exerce, et qu'il doit être
respecté par la femme alors même qu'il l'a ruinée.

On voit que les garanties accordées à la femme
ne remplacent pas les avantages qu'elle retirerait
d'une participation aux affaires communes.

*
* *

J'ai terminé l'exposition des règles du Code civil
sur l'incapacité de la femme mariée et le régime
légal. On peut maintenant se faire une idée exacte
de la condition ordinaire de la femme dans le mariage en France, et voir nettement quel type de
famille le législateur a essayé de réaliser.

Pour lui, dans la famille l'homme doit être le chef
dans toute la force du mot. Tout le désigne pour
diriger : et sa force plus grande, et son expérience
des affaires, et cette faiblesse qui est le charme de la
femme, et cette légèreté de nature, qui gît en elle
comme une qualité originelle, et lui a fait chercher
de tout temps un protecteur et un soutien dans son
mari. « La femme, disait Portalis, a besoin de protection parce qu'elle est plus faible, l'homme est

plus libre parce qu'il est plus fort. La prééminence
de l'homme est indiquée par la constitution même
de son être qui ne l'assujettit pas aux mêmes besoins,
et qui lui garantit plus d'indépendance pour l'usage
de son temps et pour l'exercice de ses facultés. »

Chef de famille, le mari doit assumer toutes les
charges : c'est à lui qu'il appartient de pourvoir aux
besoins de la famille, à lui d'aller au dehors travailler
pour la nourrir, de gérer le patrimoine commun, d'ester
en justice s'il est nécessaire. Il a la direction de tous
les intérêts pécuniaires et moraux de la famille,
qu'il incarne. Mais cette direction il l'a sans contrôle ;
il est roi chez lui et roi absolu.

Sa femme lui doit obéissance comme ses enfants.
Elle vit au foyer, vouée aux soins domestiques,
confinée en ses occupations de ménagère, gouver-
nant la maison au nom du mari, mais n'ayant
en principe aucune part aux affaires communes.
Elle n'a même pas l'administration ni la jouissance
de ses biens propres ; ils font partie du patrimoine
familial et le mari les gère avec les biens communs ;
à moins d'une clause du contrat de mariage lui
réservant une part de ses revenus, c'est à lui qu'elle
doit demander les sommes dont elle peut avoir besoin
pour ses dépenses personnelles. Elle est appelée
seulement à intervenir pour les affaires les plus im-
portantes concernant son patrimoine . aliénation,
hypothèque... ; mais là encore à cause de l'obéissance

qu'elle doit au mari et à cause aussi de sa faiblesse et de son inintelligence réelle ou supposée des affaires, elle ne peut agir en justice, ni contracter sans avoir requis l'autorisation de son mari, ou s'il est absent ou incapable, sans avoir demandé assistance à la justice. Dans le cas, pourtant, où l'acte passé par elle ne doit pas réagir sur les biens communs, elle peut vaincre le refus du mari par un appel au tribunal. Bref, l'épouse est dans toutes ses actions soumise à l'époux, et considérée comme une incapable ; sa personnalité est voilée par celle du mari. Elle est moins associée que sujette.

Quelqu'un définissait dernièrement le rôle de la femme : « la subordination dans la hiérarchie, mais l'égalité dans le devoir ». Le Code a sanctionné avec énergie la subordination ; pour mieux assurer l'unité de direction il a presque complètement supprimé le rôle de la femme pendant le mariage. Il a laissé de côté le principe de l'égalité naturelle de l'homme et de la femme, et les conséquences qui pouvaient en résulter dans le règlement des rapports juridiques des époux, pour ne fonder l'organisation de la famille que sur le principe d'autorité. En étudiant cette organisation dans le Code civil et la place qui y est faite à la femme, on retrouve partout la trace des vieilles institutions romaines et germaniques d'où est sorti notre droit ; on voit partout l'action de la femme limitée et arrêtée par des prohibitions, et la loi, sous l'influence des nécessités de la pratique, ne lui accordant qu'à regret les quelques droits qu'elle lui donne. Il semble qu'on ait, comme en une miniature, l'image de cette société centralisée que, lors de la rédaction du Code civil, Napoléon était en train de créer, et où tous les droits se résumaient et s'incarnaient en un seul.

———————

CHAPITRE II

Chaque civilisation a sa conception particulière
de la famille et dans la famille du rôle de la femme.
Elle est la conséquence des besoins matériels et des
aspirations morales du peuple, du génie propre de
la race et de ses croyances religieuses, la création
lente de cette philosophie qui n'est pas celle des phi-
losophes et des penseurs, mais qui s'élabore inconsciemment dans l'âme des foules ; la résultante enfin
de la tradition séculaire de l'humanité et de la pensée
propre d'une époque. Elle est vivante dans les
mœurs ; elle se manifeste dans le langage, dans les
idées courantes, pensée anonyme en qui tous ont
foi ; elle a son expression dans la littérature ; la législation doit en être la consécration : on n'impose
pas arbitrairement à un peuple une organisation familiale qui n'est pas la sienne, et les révolutions
sociales se font dans les mœurs et dans les intelli-
gences avant d'être consacrées par les lois.

C'est l'œuvre du jurisconsulte de préciser ces idées
confuses, de dégager des faits les aspirations et les

besoins des temps où il vit,et de travailler à formuler
la loi, expression actuelle des principes éternels qui
régissent les sociétés humaines.

J'ai montré quelle était dans notre Code civil la
conception des rapports entre époux, sur quelle base
avait été fondée la famille, quel rôle y avait été attribué à la femme. La théorie du Code est-elle en
harmonie, encore aujourd'hui, avec nos besoins et
nos mœurs, répond-elle à la réalité des faits et aux
conditions économiques de notre société ; en un mot,
dans les circonstances présentes est-elle le meilleur
arrangement social possible. C'est ce qu'il nous faut
chercher en examinant au triple point de vue philosophique, économique et juridique la condition faite
à l'épouse dans nos lois civiles.

Si je parviens à montrer que la théorie du Code est
en désaccord avec la réalité des faits, qu'elle repose,
en partie du moins, sur une erreur philosophique et
une observation inattentive ; qu'elle ne répond plus,
enfin, aux besoins de la pratique et aux exigences de
la vie moderne, j'aurai du même coup démontré la
nécessité d'une réforme et fait disparaître, j'espère,
les scrupules de ceux qui défendent comme un bloc
intangible le système légal français.

*
* *

L'erreur fondamentale du système français, au
point de vue philosophique, est d'avoir admis l'iné-

galité foncière et de nature de l'homme et de la
femme, d'avoir vu dans la femme un être frivole et
de volonté chancelante, et d'avoir ainsi fait revivre,
en partie du moins, l'antique doctrine de la tutelle
du sexe. Nous avons trouvó cette idée à toutes les
pages du droit matrimonial ; c'est l'erreur première
qui vicie la théorie tout entière.

Je ne m'arrêterai pas à la combattre. Personne aujourd'hui ne l'admet, ou du moins ne la formule
nettement. Elle ne vit plus guère qu'à l'état de souvenir. C'est sur d'autres bases qu'on fonde les incapacités dont est frappée la femme en droit public ou
dans la législation ouvrière : protection dûe à la
mère dans l'intérêt de l'enfant, différence d'aptitudes
et de fonctions entre l'homme et la femme, intérêt de
la famille et de la société.

En vain, d'ailleurs, chercherait-on quelqu'apparence de raison qui puisse sinon légitimer du moins
expliquer la théorie de l'infériorité de la femme. On
ne trouve que des observations hâtives et superfi-
cielles, des préjugés, d'antiques traditions inconsciemment conservées, dernier vestige des temps
barbares.

On reproche à la femme son ignorance du droit,
son inexpérience des affaires, sa traditionnelle légèreté. Il est vrai qu'en général elle n'a aucune notion du droit. Mais combien d'hommes l'ignorent
aussi complètement? Combien de maris, si la capa-

cité civile était mesurée à la connaissance de notre
législation, se verraient ranger au rang des incapables ? Je reconnais volontiers que l'homme, plus
que la femme, a l'expérience des affaires ; mais n'est-
ce pas une conséquence de nos mœurs juridiques qui
écartent systématiquement la femme de la vie civile,
plus qu'une inhabileté essentielle ? J'admets qu'il y
a entre l'homme et la femme différence de fonctions;
que les devoirs du foyer, l'éducation des enfants
appartiennent à l'épouse, qu'elle y est appelée par
une vocation naturelle et innée. Mais rien de tout
cela ne prouve chez la femme une infériorité de nature qui permette au législateur de la priver de sa
capacité juridique dans le mariage ; égalité n'est pas
identité, et la diversité des fonctions n'entraîne pas
nécessairement l'inégalité. « Les deux sexes, dans
leur diversité nécessaire sont dépendants l'un de
l'autre et se valent l'un l'autre : voilà le vrai (1). »

Au fond, quand on cherche avec conscience les
fondements de la théorie admise par le Code, on n'en
trouve d'autres que des souvenirs du droit romain
et des temps barbares où la faiblesse corporelle semblait inévitablement liée à une faiblesse intellectuelle
et morale. Encore est-il, que jamais cette idée n'a
été admise chez les Germains et qu'elle n'a été im-

---

(1) A. FOUILLÉE. — *Psychologie des sexes. Revue des Deux-
Mondes, 1ᵉ sept. 00.*

plantée chez nous qu'au temps de la Renaissance. Nos anciens coutumiers ne la connaissaient pas, je l'ai montré déjà : elle n'aurait jamais dû trouver place dans nos Codes.

En soi, et comme personne humaine, la femme est l'égale de l'homme, elle a droit, comme lui, à une pleine capacité civile ; la lui dénier, c'est porter atteinte à cette libre activité que Dieu a donnée à tout être humain et qu'il a le droit et le devoir de conserver.

Qu'on ne se méprenne pas sur ma pensée. C'est l'idée de l'infériorité de la femme en tant que femme que je critique, non l'obéissance de l'épouse à l'époux dans le mariage. On a souvent confondu en ces derniers temps les deux idées, il est bon de les distinguer ici.

On peut critiquer la théorie de l'autorisation maritale, on peut trouver la subordination de l'épouse à l'époux trop étroite, et je pense ainsi, on peut rejeter. en un mot, les conséquences juridiques que le droit français tire de l'autorité maritale, l'autorité maritale en elle-même, comme principe moral et social, me paraît devoir rester au-dessus de toute contestation. « Que la femme doive être soumise à l'homme qui est tenu de la protéger, dit Paul Gide, c'est là un principe de morale consacré par le consentement de tous les peuples, un de ces axiomes primordiaux qui sont au-dessus de toute démonstration, comme ils sont au-dessus de toute attaque. »

A toute société, en effet, il faut un pouvoir. Si républicain et démocratique qu'on souhaite un état, on ne peut l'imaginer sans une autorité. La société domestique n'échappe pas à cette règle ; il y faut une autorité capable d'assurer l'unité de direction et de faire de la famille un tout, une société organisée et non un simple aggrégat d'individus, fruit d'un accouplement de hasard.

Et quoiqu'il en puisse paraître au premier abord, cette affirmation ne contredit pas l'égalité que nous venons de reconnaître entre les deux sexes.

L'autorité d'un être sur un autre ne vient pas nécessairement, en effet, de la supériorité naturelle de l'un sur l'autre ; sans cela, il n'y aurait pas de pouvoir humain, tout homme étant en soi égal à tout homme et le dernier sujet du plus absolu des monarques étant, comme homme, l'égal de son souverain. Elle découle, dans les sociétés humaines, de la nécessité d'un pouvoir qui coordonne les efforts individuels en vue de l'intérêt commun, et qui, représentant cet intérêt de la collectivité, le fasse prévaloir lorsqu'il est nécessaire sur l'intérêt particulier de chaque associé. Mais, en lui-même, celui qui exerce le pouvoir n'a aucune qualité propre qui lui donne autorité sur son semblable. Ainsi, l'idée d'autorité n'est pas contradictoire à celle d'égalité.

Mais dans la famille — et c'est cela seulement, ce qui nous interesse — qui exercera l'autorité, qui re-

présentera l'intérêt social ? M. Secretan, un féministe, déclare que sur ce point une révélation serait
nécessaire ou qu'à son défaut il faudrait s'en rapporter à la tradition de l'humanité. Les instincts de
l'humanité ne trompent guère, en effet. La durée
d'une institution à travers les âges, la permanence
de certaines idées malgré la dissemblance des civilisations, la tendance toujours constatée des hommes à
se grouper suivant certaines formes, si elles ne sont
un criterium absolu de certitude, sont, du moins, la
preuve très forte d'une loi sociale. Les cristaux se
forment toujours suivant des groupements iden-
tiques, il y a de même des lois nécessaires des groupements humains. L'individu peut les nier, et tenter
de s'en affranchir, l'instinct de l'humanité plus puissant que la philosophie des rhéteurs et plus perspi-
cace aussi, les suivra toujours. Elle peut varier dans
les applications qu'elle fait de ces principes éternels, elle ne peut les méconnaître tout à fait, ou
bien elle cesserait d'être.

L'autorité de l'homme, époux et père, dans la
famille, est une de ces règles qui s'imposent aux
groupements humains. La tradition qu'invoquait
M. Secretan et la révélation chrétienne sont d'accord
sur ce point. « Dans la famille, disait Aristote, les devoirs de l'homme diffèrent de ceux de la femme :
celui de l'un est d'acquérir, celui de l'autre est de
conserver. » La femme et l'homme se complètent ;

mais pour que de cette dualité naisse l'unité, il faut un pouvoir : toujours l'humanité l'a attribué à l'homme. « L'homme est le chef de la femme, comme le Christ est le chef de l'Eglise, » disait saint Paul.

L'erreur philosophique du Code civil n'est donc pas d'avoir consacré l'autorité maritale, mais d'avoir cru à l'infériorité de la femme et d'avoir, en conséquence, dans l'organisation de la société domestique trop amoindri sa personnalité.

*
* *

Au point de vue économique et social, le droit matrimonial n'est pas, non plus, à l'abri des critiques et ne correspond guère à la réalité des faits.

C'est une banalité de répéter aujourd'hui que les rédacteurs du Code ont méconnu l'importance de la fortune mobilière, et que, sur ce point, nos lois sont en désaccord complet avec nos mœurs financières.

Pour le Code un seul bien a de la valeur, l'immeuble ; le meuble est « res vilis ». Les rédacteurs sont des légistes d'ancien régime qui sont demeurés hantés de cette idée vraie avant la Révolution, que la fortune immobilière est la seule richesse, celle qui donne le pouvoir et sur laquelle est fondée la hiérarchie sociale. Ils n'ont pas aperçu la révolution économique qui s'accomplissait sous leurs yeux. On sent cela à chaque instant, chaque fois que la fortune mobilière est en jeu. « Gardons-nous, disait

Tronchet, de rompre les habitudes ; la communauté, que le Code consacre, les respecte. Cette communauté répond au vœu des familles. *Nous n'aimons pas que nos biens passent dans une famille étrangère.* » Nos biens, ce sont les immeubles, et c'est pourquoi le Code en fait des propres, tandis qu'il laisse les meubles à la disposition du mari.

Aujourd'hui, la révolution économique, commencée en 1804, s'achève. Par suite du développement de l'industrie et de la légitimité reconnue du prêt à intérêt, par suite de la multiplicité des emprunts émis par les gouvernements et par les municipalités, et la constitution des sociétés par action, la fortune mobilière est devenue l'égale en importance de la fortune mobilière. M. de Foville évalue à environ 70 milliards le chiffre des valeurs mobilières de toutes sortes possédées par les Français, en regard de 80 milliards attribués à la terre, 40 milliards à la propriété bâtie, et 10 milliards pour les meubles proprement dits et l'outillage qui n'est pas représenté par des actions ou des obligations (1).

Et cependant la maxime « res mobilis, res vilis » est demeurée dans nos lois comme un axiome, la dot mobilière de la femme tombe toujours pour le tout dans la communauté à défaut de contrat, se confon-

(1) DE FOVILLE. — *De la fortune mobilière en France, Economiste français*, 14 juillet, 4 août, 15 sept. 1888, cité par CL. JANNET : *Le Capital, la Spéculation et la Finance au* XIXᵉ *siècle*, p. 340.

dant avec l'avoir mobilier du mari, abandonnée sans contrôle à sa gestion. Il semble toujours qu'on ait suffisamment protégé le patrimoine de la femme en excluant de la communauté les immeubles. Combien, pourtant, parmi les femmes dont l'association conjugale est régie par le régime légal sont propriétaires d'immeubles dans nos villes surtout? Même, à la campagne, chez nos paysans, l'épargne tend de plus en plus à la faveur des souscriptions publiques aux emprunts à se mobiliser. Ce n'est plus uniquement pour acheter un lopin de terre qu'on économise.

En fait, c'est bien souvent toute la fortune de la femme qui tombe par le mariage entre les mains du mari. La distinction des biens en propres et en communs ne répond plus dès lors à rien, et la communauté de meubles et d'acquets établis par le Code devient en fait une communauté universelle sous la seule administration du mari.

Sur ce premier point, il ne peut y avoir de contestation possible, la loi est en contradiction formelle avec la réalité des faits, et la femme, mal protégée par une distinction anti-économique, voit ses intérêts gravement compromis.

Une transformation sociale non moins profonde, en modifiant, en fait, l'organisation de la famille, et les rapports entre époux est venue accentuer ce désaccord.

La famille pour laquelle le régime matrimoniale légal a été écrit, qui l'avait préparé par la coutume, c'est la famille telle que l'avait comprise l'ancien régime, et que l'avaient façonné les mœurs et les conditions économiques de l'ancienne société. Le Code civil n'a fait qu'accepter la conception économique du mariage que lui léguait le passé.

Or, dans la vieille famille française, la femme mariée est vouée exclusivement aux soins domestiques. Elle demeure au foyer, surveillant la maison, se renfermant strictement dans ses devoirs de mère et d'épouse. Les mœurs ne lui permettent guère d'autre occupation. « Femme si doit garder l'hôtel le feu et les enfants » dit le coutume de Bretagne, et c'est bien le sentiment général de l'époque. L'homme seul va travailler au dehors.

C'est lui qui nourrit la famille. Si par les soins de la femme l'aisance se maintient dans le ménage, c'est par les soins de l'homme qu'elle y est entrée. Il est le principe d'acquisition, la femme l'agent d'épargne, et en vertu de la prédominance ordinaire de ce qui est actif sur ce qui est passif, il est le chef inconsté du ménage.

Cette conception du rôle des époux se pliait, d'ailleurs, merveilleusement aux conditions économiques de l'ancienne société.

La classe la plus nombreuse à cette époque est la classe agricole : la culture de la terre est la grande industrie. Or, à l'a campagne, le rôle de la femme mariée ne peut guère être autre chose qu'un rôle

. d'administration intérieure et d'épargne : c'est la femme qui veille au bon entretien des vêtements, à la préparation des repas, à la fabrication du pain, du beurre, etc... Elle est la gouvernante de la maison, elle n'est pas un agent de production distinct du mari.

A la ville, d'ailleurs, le sort de la femme n'était pas très différent. Sous l'ancien régime, en effet, la réglementation étroite des corporations ouvrait rarement aux femmes l'accès de l'atelier. Hors le commerce, qu'une pratique constante permettait aux femmes d'exercer, le travail semblait réservé aux hommes. On en trouve la preuve dans l'édit de Turgot abolissant les corporations. « Nous voulons, y est-il dit, abroger ces institutions arbitraires qui repoussent un sexe à qui sa faiblesse a donné plus de besoins et moins de ressources, et semblent en le condamnant à une misère inévitable seconder la séduction et la débauche.»

Les professions libérales, enfin, n'étaient guère accessibles aux femmes mariées. L'enseignement était réservé aux congrégations religieuses, et on ne connaissait encore ni la femme médecin, ni la femme artiste ou écrivain par métier.

En somme, sous l'ancien régime, en dehors des soins du ménage ou de l'exercice d'un commerce, la femme n'avait d'autre rôle dans la famille que celui de ménagère. On comprend donc, que témoins de cette pratique, les rédacteurs du Code, fidèles à la tradition, aient laissé au mari durant le mariage, l'administration et la disposition de la communauté : c'était, dans une certaine mesure au moins, le fruit de son travail et de ses économies.

Mais aujourd'hui cette organisation de la famille a subi dans les faits une transformation profonde.

L'essor extraordinaire de l'industrie, en ce siècle, a modifié l'organisation de la Société. Les usines se sont multipliées appelant à elles les habitants des campagnes ; la population s'est déplacée, elle est venue se grouper dans les villes. La classe ouvrière, avec ses besoins spéciaux, devient toujours plus nombreuse dans le pays.

Par suite du développement du machinisme, l'usine a remplacé partout le petit atelier domestique. On ne file plus la laine, on ne tourne plus le rouet. Comme il fallait un nombre croissant de bras pour faire face aux nécessités de la lutte industrielle, comme aussi le travail de la femme coûte moins cher que celui de l'homme, on a appelé la femme à l'usine, et, poussée par le besoin, la femme a abandonné le foyer où elle vivait autrefois et où elle ne pouvait plus vivre, et elle est entrée à l'usine à la suite de l'homme.

Aujourd'hui, d'après une statistique citée par M. Louis Frank, le nombre des femmes ouvrières, employées ou domestiques en France, est de 3.840.067 contre 4.773.415 hommes, soit une différence de moins d'un quart (1).

(1) Louis Franck. — *Le salaire de la famille ouvrière.*

Dans la plupart des ménages populaires, l'homme n'est donc plus seul à travailler, la femme partage avec lui le soin de nourrir la famille. Elle n'est plus l'être passif qu'avaient aperçu les rédacteurs du Code. Son rôle s'est transformé. Il a cessé d'être purement domestique et participe à l'activité de l'homme. La femme n'est plus seulement la sage économe du patrimoine familial, elle en est, comme son mari l'artisan. Comme lui, elle gagne son salaire, et comme plus que lui, elle est sobre et ménagère des ressources dûrement acquises, c'est elle bien souvent qui contribue le plus à la fortune du ménage (1).

Je ne discute pas si cette transformation a été heureuse, je constate simplement un fait qu'il est aisé d'observer.

Mais ce n'est pas seulement dans la classe ouvrière que s'est produite cette transformation. De plus en plus, dans toutes les branches de l'activité humaine, on fait appel au travail des femmes ; les portes qui jusqu'ici leur avaient été closes s'entrouvrent chaque jour plus nombreuses.

La laïcisation de toutes les écoles primaires de France, le développement de l'enseignement secondaire des filles, la création d'écoles professionnelles, la laïcisation des hôpitaux et de l'Assistance

(1) D'après M. Coste, *Journal de la Société statistique de Paris*, 1890, p. 238 ; le produit du travail des femmes en France s'élève à quatre milliards quatre cent soixante millions.

publique ont ouvert aux femmes, même mariées, des emplois nouveaux.

Les administrations publiques et privées s'en servent comme employées.

Elles sont dans l'administration des téléphones, dans les chemins de fer où leur nombre d'après une statistique s'élevait à 21,000 en 1887, dans les grands magasins ; elles remplissent les fonctions de buralistes, de caissières, de vendeuses, voir même de chefs de gares (1) ; depuis 1882, enfin, elles sont dans l'administration des postes où en 1891 les différents services employaient 7,723 femmes. (2)

Ajoutons, enfin, les femmes, dont le nombre augmente chaque jour, qui se livrent à l'exercice de quelque profession libérale, qui sont médecins, artistes, écrivains, journalistes, et l'on se rendra compte de la révolution profonde qui s'est produite, depuis l'apparition du Code, dans le rôle de la femme dans la famille.

Malgré cette transformation, cependant, le droit matrimonial est resté le même. Dans la famille qu'il n'est plus seul à faire vivre, le mari a conservé tous les droits anciens : Sans son autorisation, la femme ne peut toujours faire aucun acte juridique, même louer ses services. Sur le patrimoine commun, il

(1) JULES SIMON. — La femme au xxe siècle.
(2) LOUIS FRANK. — Essai sur la condition politique des femmes.

continue seul à exercer les droits de disposition et d'administration. Du salaire gagné par la femme, le mari peut disposer librement, même à titre gratuit ; comme chef de la communauté, il a même le droit d'exiger du patron qu'il soit remis à lui, personnellement. Il peut donc, renversant les rôles, vivre du travail de sa femme. Contre lui, la femme n'a aucun droit ; même de ce salaire, qu'elle a gagné de son travail, elle ne peut disposer ; si le mari, manquant à son devoir, la laisse dans le besoin, sa seule ressource est de demander la séparation de biens, la séparation de corps ou le divorce.

Là encore le changement des mœurs a précédé le changement de la législation.

Notons, enfin, l'importance croissante, en dehors des produits de son travail, de l'apport de la femme dans le fonds social. Jadis, avant le Code, les renonciations à succession, les droits d'aînesse et de masculinité rendaient la fortune des filles relativement peu considérable, leur apport dans la communauté peu important, par conséquent. Aujourd'hui, les renonciations à succession futures sont interdites ; il n'y a plus ni droit d'aînesse, ni droit de masculinité, pour diminuer la part des filles dans la succession paternelle ; le partage est égal pour tous. L'avoir de la femme est donc, en général, plus considérable qu'aux temps où s'est formée chez nous la communauté et, en fait, la dot constitue bien souvent la plus grande

part du patrimoine commun ; cependant, sur ce patrimoine, les droits de l'épouse sont restés, sous le Code, les mêmes qu'autrefois.

Ainsi, en examinant au point de vue économique et social les principes du Code civil, en comparant la réalité des faits et les règles du droit, on constate en maints endroits des désaccords profonds. Le régime légal n'est vraiment pas le régime du peuple parce qu'il méconnaît les droits de la femme ouvrière ; il n'est pas celui des familles riches parce qu'en méconnaissant la valeur de la fortune mobilière et la faisant tout entière tomber dans la communauté, il va contre ce vœu des familles de conserver leurs biens, dont parlait Tronchet. Est-il besoin d'ailleurs d'insister en présence de la pratique constante de tous ceux qui peuvent faire les frais d'un acte notarié de régler par contrat l'association conjugale quant aux biens, et, s'ils acceptent la communauté, de la limiter du moins aux acquêts.

La législation est restée immuable tandis que se modifiaient les conditions économiques et sociales pour lesquelles elle avait été créée.

*
* *

La théorie du Code civil est en désaccord, nous venons de le constater avec la vérité philosophique et la réalité des faits, c'est grave. Que vaut-elle, cependant, en elle-même, au point de vue juridique ; son seul défaut est-il d'être demeurée stationnaire et comme figée en des formules vieillies ?

La première qualité d'un système c'est l'unité, l'enchaînement logique des propositions découlant d'un principe simple. Rien de cela, on l'a vu, dans la théorie de l'incapacité de la femme, mais la confusion des idées par suite de la dualité des principes, l'absence de logique et de construction.

L'autorité maritale y est considérée, tantôt comme un droit de puissance, et tantôt comme une tutelle, la femme y est à la fois capable et incapable : c'est le chaos. Ainsi, on s'en souvient, la femme est incapable d'agir en justice, ou de contracter sans l'autorisation du mari spéciale, dans l'acte, ou l'assistance du magistrat. Le mari ne peut pas la relever de cette incapacité par une autorisation générale donnée d'avance : on ne déserte pas ainsi une tutelle. Si le mari est absent, fou interdit, le tribunal doit remplir auprès de la femme l'office que le mari ne peut plus remplir : quand le pouvoir domestique est impuissant à protéger ceux dont il a la garde, la puissance publique doit intervenir. Tout cela montre bien que la loi voit dans l'épouse une incapable à laquelle il est dangereux pour l'intérêt de la famille de laisser la libre disposition de son patrimoine. Mais, — et c'est ici que se montre bien le défaut de logique — si elle est incapable de recevoir du mari une autorisation générale pour ses propres affaires, elle peut recevoir de lui mandat général pour les affaires de la communauté. Le mari en s'absentant, par exemple, peut lui laisser sans difficulté l'administration du patrimoine commun. En vertu de ce mandat, elle agira librement, sans assistance de justice; elle pourra, dans les limites du mandat, obliger la communauté, aliéner, hypothéquer; et cependant elle ne pourra agir pour son compte sans autorisation de justice. Le mari peut reconnaître sa femme capable de gérer le patrimoine familial d'engager ainsi des sommes considérables peut-être; il ne peut jamais, la relevant de son incapacité, lui permettre de s'obliger, ou de disposer de son patrimoine propre, si minime fut-il ? La justice même n'a pas ce droit, ni un conseil de famille.

Au cas d'interdiction, en effet, la femme aux termes de l'art. 507 pourra être nommée tutrice du mari interdit. Comme tutrice, elle pourra exercer les droits et actions de son mari, gérer la communauté, et même les biens propres de son conjoint, intenter seule les actions mobilières. Le conseil de famille qui lui aura conféré ces droits, sans autre restriction que celles imposées par la loi à tout tuteur, se confiant pleinement en son dévoûment pour son mari et ses enfants, ne pourra cependant pas la dispenser de demander l'autorisation de justice pour agir dans son intérêt personnel. Capable pour administrer la fortune des autres, elle est incapable pour agir dans son intérêt et sur ses biens propres. Inconséquence que rien ne justifie !

Je sais bien qu'en théorie la contradiction disparaît. Tout incapable peut recevoir un mandat, et, puisqu'il agit au nom et avec la capacité d'un autre, contracter des obligations même au dehors des limites de sa propre capacité (1990). Dans notre cas, ce n'est pas la femme mandataire qui contracte, mais le mari par la femme. Il n'y a donc pas, en droit, contradiction dans le fait que la femme incapable d'agir seule pour elle-même, peut agir seule comme mandataire du mari. Mais, en fait, il y a là une situation étrange, on le reconnaîtra aisément, et souverainement illogique.

Si l'on craignait tant, même pour elle-même, l'incapacité de la femme, il ne fallait pas permettre au mari de lui laisser jamais la direction du patrimoine commun ; si l'on pensait que sur ce point on pouvait s'en rapporter à la sagesse et à la prudence du mari, il fallait lui laisser le droit, également, de relever, quand il le jugerait nécessaire, la femme de son incapacité.

J'ai dit ce que je pensais de l'idée de l'infériorité de la femme au point de vue philosophique. Rejeter le principe, c'était rejeter les conséquences que le Code en a tirées : spécialité de l'autorisation, autorisation de justice remplaçant celle du mari mineur, absent, fou ou interdit, droit pour la femme non autorisée d'invoquer la nullité de l'acte passé par elle, tout ce qui, enfin, constitue la tutelle de la femme mariée. Là, où il n'y a pas d'incapacité naturelle, la loi ne doit pas en créer ; et là où il n'y a pas d'incapable, à quoi bon une tutelle ?

N'est-ce pas d'ailleurs d'un rare illogisme de faire du mariage une cause de diminution de capacité. Le mariage émancipe l'homme mineur, pourquoi chez la femme majeure serait-il un renouveau de minorité ? Si l'on admet la théorie de l'*infirmitas sexus*, il faut conclure à la tutelle générale et perpétuelle des femmes ; si on juge la femme apte à se conduire elle-même, mais incapable de gérer le patrimoine d'une famille, il faut déclarer la veuve incapable dans l'intérêt de ses enfants mineurs. Si l'on rejette ces conclusions logiques du principe posé, il faut rejeter le principe lui-même, et toutes ses conséquences. Il n'y a pas de milieu.

Dans le système du Code civil, tout ce qui se rattache à l'idée de l'infériorité morale et intellectuelle de la femme est indéfendable.

La théorie du Code se légitime-t-elle, au moins, par ses conséquences pratiques. L'incapacité dont est frappée la femme est un mal ; est-ce un mal nécessaire ?

Loin de là, les règles du droit matrimonial sont une gêne pour la femme qu'on prétend protéger, un piège pour les tiers, pour la famille souvent une source d'embarras et de frais, sans être pour l'épouse une garantie toujours suffisante.

Qu'elles soient une gêne pour la femme, les exemples abondent pour le prouver.

Il suffit de supposer des époux vivant en désaccord. Le mari a fait de mauvaises affaires ou est sans emploi. La misère menace. Pour sauver la famille de la ruine complète, la femme veut exercer un métier ou vendre quelque denrée. Le mari refuse son consentement. Elle devra, pour vaincre la tyrannie qui pèse sur elle, porter sa demande devant le tribunal. Mais ce sont des frais ; même avec l'assistance judiciaire c'est une perte de temps. Ou bien elle se verra contrainte d'acquérir par des moyens clandestins, peut-être peu moraux, ce que légitimement elle aurait pu gagner par son travail.

Autre situation plus fréquente et plus injustifiable encore. Le mari a abandonné le foyer, laissant la famille sans ressources. La femme espérant toujours son retour hésite à demander le divorce ; un dernier scrupule, un dernier souvenir la retiennent. Mais il faut vivre. Elle veut emprunter. Comment le ferait-elle ? Elle est femme mariée, que vaut sa signature ? Elle a quelques biens propres, elle veut les aliéner. Elle est femme mariée, elle n'en a pas le pouvoir. Elle veut travailler, louer ses services, contracter un engagement. Elle est femme mariée, elle n'en a pas le droit. Dans tous ces cas, pour agir, quelle que soit la valeur de l'intérêt engagé, si minime soit-il, il lui faudra passer par les lenteurs d'une instance. Ou bien achetant sa liberté par le sacrifice de son mariage, elle devra demander le divorce Est il d'un réel intérêt social de la placer dans cette alternative ?

Sans imaginer ces circonstances tragiques, réelles pourtant, qu'on suppose une famille où le mari est de longs mois absent. C'est une famille de marins de nos côtes. L'homme est en mer, vers l'Islande ou à Terre-Neuve ; la femme garde la maison, et cultive la terre. Une occasion se présente de vendre à bon compte un champ. Si le bien est commun, pas de difficulté ; la femme, en vertu des pouvoirs laissés par le mari, pourra passer le contrat de vente. Mais c'est un propre qu'il s'agit d'aliéner, une terre venue à la femme par succession. De deux choses l'une : ou il faudra attendre le retour du mari, mais l'acheteur n'attendra pas peut-être ; ou il faudra demander l'autorisation du tribunal et des frais inutiles viendront diminuer le bénéfice de la vente.

De même au cas d'une hypothèque à consentir sur un bien propre de la femme, de même encore s'il s'agissait pour elle de louer ses services ou d'ouvrir une boutique ; même en ce dernier cas, d'après une doctrine au moins, l'autorisation de justice ne pourrait suppléer celle du mari (1).

(1) Une jurisprudence a tenté de tourner la difficulté en cas d'absence du mari en déclarant la femme « suffisamment autorisée en vertu d'un mandat tacite et nécessaire à louer ses services et son industrie pour subvenir à ses besoins et à ceux de de ses enfants ». Cass. Req. 6 août 1878, D. 1878. I. 400. N'est-ce pas la preuve du vice de la loi !

Qu'on suppose enfin le mari fou ou interdit, dans tous ces cas où la famille est atteinte déjà par la perte de son chef les règles étroites de l'autorisation maritale viendront entraver l'action de la femme, et grever de frais onéreux le patrimoine.

Ainsi la règle protectrice de l'autorisation maritale n'est bien souvent qu'une gêne pour la femme, une charge pour la famille, une entrave inutile et une source de frais.

Vis-à-vis des tiers elle peut devenir et devient, en fait, une source de fraudes, un piège tendu à ceux qui ont contracté avec une femme mariée, non autorisée ou insuffisamment autorisée et qui se voient menacés par son action en nullité. La rigueur avec laquelle la jurisprudence sanctionne le principe de la spécialité augmente encore le danger.

Qu'on suppose, en effet, une femme mariée traitant avec un tiers sans lui déclarer sa condition ? Elle est séparée de fait, par exemple ; son mari l'a abandonnée et elle passe pour veuve. Le tiers traite avec elle sans méfiance. Est-il équitable de lui permettre de venir attaquer elle-même le contrat qu'elle a passé librement et en pleine connaissance de cause ? Les tiers, je le veux bien, sont coupables d'imprévoyance ; ils devaient se renseigner. Mais, en fait, cela leur était-il possible ? Et, en tous cas, le système est-il moral qui permet de telles fraudes.

Au moins, étant admis le principe, l'autorisation

maritale est-elle dans tous les cas une garantie contre les entraînements que pourrait subir la femme ? Il n'en est rien.

J'ai déjà montré l'inconséquence qu'il y avait à défendre la femme contre toute personne, et à la laisser sans protection contre son mari dont l'influence pourtant est la plus dangereuse pour elle, parce qu'elle est de tous le jours et de tous les instants et qu'elle vient de celui-là même qui a reçu de la loi mission de la conseiller et de la conduire. Je n'y reviens pas.

Mais il est un autre cas où l'autorisation maritale ne se comprend guère davantage : je veux parler du cas de séparation de biens.

Le jugement, en effet, qui a dissout la communauté et enlevé au mari l'administration des biens de la femme a par là même constaté son impéritie ; il a déclaré que, soit hardiesse trop grande dans les affaires, soit prodigalité, sa gestion était un danger pour la femme, et que malgré son inexpérience des affaires celle-ci serait meilleur administrateur. C'est bien là, qu'on veuille y réfléchir, le sens d'un jugement de séparation de biens. Comment comprendre, dès lors, la survivance de l'autorisation maritale. Si le mari a été reconnu officiellement incapable de gérer le patrimoine commun, et celui de la femme, comment la loi lui conserve-t-elle encore le droit et le devoir d'intervenir dans les actes juridiques les plus importants que la femme eût à accomplir ? L'autorisation même qu'il donnera ne sera plus, bien souvent, à cause de son impéritie, qu'un danger pour celle que la loi prétend pourtant protéger.

A ce point de vue l'autorisation du mari après la séparation de biens ne se comprend pas. Il fallait, si l'on croyait nécessaire de protéger la femme, remplacer l'intervention du mari par celle de justice, comme au cas de minorité. La situation est la même.

La vérité est que, dans ce cas comme au cas où la femme contracte avec le mari, les rédacteurs du Code oubliant un des deux principes dont ils s'inspiraient n'ont pensé qu'au principe de l'autorité maritale. Ils se sont dit que la séparation de biens ne dissolvait que la communauté, que le mariage demeurait ; que le mari, s'il n'était plus le chef de la communauté, était toujours chef de la famille, chargé comme tel de la diriger ; et ils ont maintenu purement et simplement la théorie de l'autorisation maritale.

Même en adoptant cette doctrine le système du Code est critiquable.

Le pouvoir marital n'est pas, en effet, assimilable à un droit sur une chose qui dure tant que dure la chose ou qu'on ne s'en est pas dessaisi. Ce n'est pas un droit établi dans l'intérêt du mari qui l'exerce, mais dans l'intérêt de la famille ; au fond, c'est plus un devoir qu'un droit, ou, si l'on veut, c'est le droit à exercer un devoir. Il doit donc avoir pour limite l'intérêt de ceux en faveur de qui il est établi : cette idée, le Code lui-même l'a reconnue en permettant à la femme d'appeler au tribunal du refus d'autorisation du mari. Or, nous l'avons constaté, ou la séparation de biens judiciaire n'a pas de sens, ou elle signifie que la direction du mari est ruineuse pour la femme et pour la famille. L'autorité maritale sur les bien — je ne parle que d'elle ici, — n'a donc plus de fondement. Du jour de la séparation de biens l'autorisation maritale qui est la manifestation du pouvoir du mari devrait donc disparaître.

Voilà où aurait du conduire l'idée de la subordination de la femme au mari dans le mariage. Au fond, après avoir posé deux principes à la théorie de l'incapacité de la femme, les rédacteurs du Code n'en ont suivi aucun jusqu'au bout, à moins qu'ils n'aient considéré l'autorité maritale moins comme un devoir que comme un droit établi dans l'intérêt du mari.

Même en pratique, et abstraction faite de toute considération philosophique, la théorie de l'incapacité de la femme mariée soulève donc de graves critiques.

*
* *

Le même esprit qui a inspiré la théorie de l'autorisation maritale a présidé à l'organisation des rap-

ports entre époux dans la communauté légale. Les
mêmes critiques sont à faire. J'ai montré comment
l'évolution économique en ce siècle avait mis le régime légal en contradiction avec l'organisation réelle
de la famille. Au point de vue juridique je ne retiens
ici qu'un fait, l'inaction imposée à l'épouse durant
le mariage, et sa conséquence immédiate, l'absence
de garanties sérieuses pour les intérêts pécuniaires de
la femme, absence d'autant plus regrettable aujour-
d'hui que ses apports sont plus considérables.

Le mariage, dit-on, doit être une association aussi
étroite que possible, l'union des âmes doit entraîner
la mise en commun des biens. Après le mariage il ne
doit plus y avoir de mien et de tien, mais un seule
patrimoine, comme il doit y avoir une seule âme ; et
c'est bien là l'idée ordinaire du mariage, témoin la
mésestime où est tenu communément le régime de
séparation de biens.

Seulement, ces principes une fois posés, on ajoute:
de cette association le mari sera le chef tout puissant ; l'épouse n'aura durant la communauté aucun
contrôle à exercer. La protection de sa fortune est
suffisamment assurée par la nécessité de son intervention pour l'aliénation de ses propres, par le droit
de demander la séparation de biens, et, à la dissolution de la communauté, par l'option qu'elle peut faire
entre la renonciation, l'acceptation sous bénéfice
d'inventaire, ou l'acceptation pure et simple ; par lo

système des reprises, enfin, et le droit de se payer à défaut de biens communs même sur les biens propres de son mari. Quant à l'administration de la fortune commune et de la sienne propre, elle n'a que faire de s'en occuper. Est-ce affaire de femme de lire les grimoires de procédure ou de signer des baux. « Ménagère ou courtisane, disait Proudhon, tel est le rôle de la femme. »

Est-ce là la véritable conception du mariage ?

« Ni l'homme, ni la femme, dit M. Secretan, ne peuvent se réaliser complètement que l'un par l'autre et l'un pour l'autre ; ils ne se déploient tout entiers qu'en se donnant l'un à l'autre. » Ils ont dans la famille des fonctions différentes, conséquences de leurs aptitudes propres. « Tandis que la volonté inquiète et ambitieuse de l'homme se plaît à acquérir, la femme se plaît à conserver (1). » L'homme présente dans le ménage l'esprit de spéculation, d'initiative et de progrès, la femme l'esprit de tradition ; elle est au foyer l'élément conservateur. Elle est vis-à-vis du mari le représentant des intérêts des enfants. Elle est la prudence, il est l'action.

La loi doit tenir compte de ces aptitudes différentes, et, en maintenant l'équilibre des droits, donner à chacun le moyen d'accomplir sa mission.

Or, dans le système du Code la femme ne trouve

---

(1) FOUILLÉE. — *Psychologie des sexes. Revue des Deux-Mondes.* 15 sept 93, p. 422.

pas ce moyen. Son action est occulte, sa puissance est toute dans son influence morale. Si elle peut exercer la mission à laquelle l'appelle sa nature, c'est par des moyens détournés ; si elle est véritablement associée, c'est grâce à son habileté et aux nécessités de la pratique. C'est une situation de fait et non de droit, exceptionnelle et non générale. La loi ne lui donne aucun moyen officiel de faire utilement son œuvre, et appuyée sur le droit, d'opposer les conseils de la prudence aux entraînements de la spéculation et de la prodigalité.

Même, au point de vue de la théorie juridique, n'y a-t-il pas quelque inélégance à donner au mari d'aussi larges pouvoirs de disposition et d'obligation sur les biens communs ? Qui s'oblige, oblige le sien, dit-on ; nul ne peut transmettre plus de droit qu'il n'en possède lui-même. Le mari est-il donc seul propriétaire des biens communs, pour pouvoir à lui seul les obliger ou en disposer librement ? L'origine des biens communs, le nom même de communauté témoignent que la femme a sur ces biens des droits de propriété égaux à ceux du mari. Comment donc son concours n'est-il jamais exigé ni pour les obliger, ni même pour les aliéner ?

Et quant aux garanties résultant de ce système, elles sont insuffisantes. Je ne nie pas que le législateur ait voulu protéger efficacement la femme, je ne conteste pas l'ingéniosité du système des reprises, mais cette protection est inefficace parce qu'elle est incomplète, et que les moyens d'action mis aux mains de la femme ne peuvent guère être employés que lorsque la ruine est consommée.

Quand donc l'épouse, en effet, usera-t-elle de la séparation de biens? Est-ce au moment où l'administration du mari commence à être ruineuse, où pour la première fois sa dot est mise en péril? Mais comment la femme, ignorante des affaires du mari, pourra-t-elle demander la séparation de biens. En fait, le mari ne se résignera, dans la plupart des cas, à lui dire la vérité que lorsqu'assailli par ses créanciers il ne pourra faire autrement. Et ce sera encore, bien souvent, pour lui demander un cautionnement que la femme, émue de la situation subitement révélée, ne saura pas refuser.

Quant aux reprises, au droit de préemption, quelle ressource est-ce là quand le mari a dilapidé ses biens, et avec les siens ceux de la communauté? La femme, dans ce cas, n'a qu'une chose à faire, renoncer purement, simplement. Il est vrai que si elle n'a pas d'immeubles, rien ne lui restera de sa dot : au moins elle ne paiera pas les dettes.

Et cependant, voilà au cas de mauvaise gestion du mari à quoi se réduisent trop souvent les garanties accordées par le Code.

C'est que le vice du système n'est pas dans les remèdes inventés pour parer aux dangers de l'inaction de la femme durant le mariage. Il est dans cette inaction même, inaction voulue, imposée par le législateur, et non pas seulement imputable à la femme, quoiqu'on en ait dit. Il est dans la toute puissance du mari érigée en dogme, dans l'absence de tout contrôle durant le mariage, dans la méconnaissance, en un mot, de l'idée de communauté qui suppose la collaboration continuelle des deux époux, et non cette subalternisation excessive de l'un à l'autre, sanctionnée par le Code.

Comment comprendre, surtout aujourd'hui, le droit du mari de disposer sans la femme, même à titre gratuit, de tout le mobilier de la communauté ? Comment comprendre son droit d'engager les biens communs même dans son intérêt personnel ?

On invoque, en général pour défendre les droits du chef de la communauté l'intérêt de la famille, la nécessité de l'unité de direction pour la bonne administration du patrimoine. En quoi est-il utile à la famille que le mari puisse dilapider en des libéralités de tout genre le mobilier de la communauté. Il n'y a rien là qui rentre dans les pouvoirs d'administration, si étendus qu'on les suppose, d'un associé ; donner c'est le droit du propriétaire. La faculté laissée au mari par l'art. 1422 n'est-elle pas dans nos lois le dernier vestige des temps où la femme et avec elle ses biens étaient la propriété du mari ?

En exposant la théorie du Code j'ai montré le rôle

de l'hypothèque légale. Elle est en pratique le seul moyen qu'ait la femme d'intervenir [dans les affaires du mari et de la communauté, le seul contre-poids à l'omnipotence maritale. Malheureusement même avec l'hypothèque légale le concours de la femme n'est pas absolument nécessaire, sa collaboration n'est pas indispensable. Sans doute les tiers ont intérêt à faire intervenir la femme pour se mettre à couvert contre l'hypothèque légale, mais ce concours n'est pas nécessaire à la validité de l'acte. Surtout la collaboration de la femme n'existe qu'au cas où le mari ou la communauté possèdent des immeubles; est-ce la généralité des cas? Quand la fortune des époux est toute mobilière la femme n'est jamais appelée à donner son consentement aux actes de disposition des biens communs. Elle demeure en droit étrangère à la direction des affaires de la famille.

La communauté se réduit pour la femme dans la plupart des cas à un droit éventuel au partage lors de la dissolution de l'actif commun. C'est là, en somme, à cet élément successoral, à cette participation aux bénéfices et aux pertes que se ramène trop souvent cette association entre les époux qu'on se plaît à montrer comme la réalisation dans l'ordre matériel de l'union mystique des âmes qu'est le mariage.

*
* *

Résumons-nous et essayons de conclure.

Le système du Code, quant aux droits de la femme, nous demandions-nous, est-il aujourd'hui, pour la généralité des familles françaises, étant données les conditions économiques et sociales actuelles, le meilleur arrangement social possible ?

L'idée de l'infériorité de la femme admise en principe, les désaccords constatés entre la réalité des faits et les théories juridiques, le manque de contrôle accordé à la femme sur les affaires communes pendant la durée de l'association conjugale, les droits exorbitants du mari sur les biens de l'épouse, les inconséquences et les illogismes remarqués ne permettent pas de conclure affirmativement. S'il est vrai que les lois doivent se modifier à mesure que se modifient les conditions économiques et sociales qui les ont fait naître, et doivent, dans le droit familial surtout, se modeler sur les mœurs, le droit matrimonial français doit être aujourd'hui révisé dans le sens d'une augmentation de capacité de l'épouse.

Mais c'est de révision qu'il s'agit, et non de la suppression totale et comme d'un trait de plume de toute notre organisation familiale traditionnelle. Sans doute, à mesure que les Sociétés vieillissent, elles dépouillent les formes anciennes qui avaient été celles de leur enfance, sans doute, et je l'ai montré au début de cette étude, il y a une évolution des corps sociaux comme des corps vivants : on ne conserve pas une Société comme ces collections de musée que le soin des antiquaires s'attache à garder dans leur état primitif. Mais le progrès doit se faire suivant une tradition continue. S'il est des idées qui naissent à une époque et disparaissent avec elle, il en est qui demeurent à travers les vicissitudes et les changements : à mesure que l'humanité s'avance dans sa marche, son patrimoine intellectuel et moral s'enrichit. Il ne faut jamais rejeter tout le passé en bloc : le système de la table rase, si séduisant qu'il apparaisse, est une erreur en économie sociale.

De notre système légal actuel, tout n'est donc pas à rejeter ; dans le droit de famille nouveau, certains principes anciens doivent être conservés.

Le principe de l'autorité maritale d'abord. De droit naturel et selon la tradition unanime de l'humanité, le mari est le chef de la famille : c'est à lui qu'incombe en premier lieu l'obligation morale de la gouverner et de la diriger vers sa fin, c'est lui qui, maintenant l'unité entre les divers éléments qui la composent, fait de la famille un corps. Sans autorité, je l'ai dit et je le répète, une société ne peut pas vivre.

Mais l'action du mari ne doit pas être isolée, sa royauté n'est pas absolue. Selon le mot de la Genèse, Dieu a donné à l'homme dans sa compagne « un aide semblable à lui ». La femme donc doit avoir à côté de l'homme sa place dans l'association conjugale. Elle est sa compagne et non son bien ou sa servante. Comme lui et avec lui, quoique différemment parfois, elle concourt au bien général. Dans l'intérêt même de la famille, elle doit avoir sa part d'action, le moyen, tout au moins, de contrôler la gestion du mari et de défendre les intérêts de ses enfants et les siens propres, si le mari vient à oublier son devoir. C'est la limite nécessaire de l'autorité maritale.

De la communauté une autre idée doit être conservée ; elle est la conséquence logique de l'idée de mariage, telle, du moins, qu'une tradition séculaire l'a consacrée chez nous. C'est l'idée d'un patrimoine commun sur lequel chacun des époux ait un droit égal. Chacun d'eux contribue à le former surtout aujourd'hui où dans un grand nombre de familles la femme travaille presque autant que l'homme ; chacun d'eux concourt à la prospérité du ménage par son labeur ou son économie ; il est juste que chacun d'eux participe aux bénéfices réalisés ensemble. Il y a là une idée féconde. On ne saurait la rejeter sans se mettre violemment en contradiction avec nos mœurs, et même, dans une certaine mesure, sans porter atteinte à l'idée de mariage.

Maintien de l'autorité maritale comme principe d'unité de la famille, conservation sous une forme ou sous une autre, de la participation des époux aux bénéfices réalisés durant le mariage, extension, enfin, et surtout, de la capacité de la femme mariée dans son intérêt propre et dans l'intérêt des enfants, et en particulier, droit de l'épouse au produit de son travail, telles sont les bases sur lesquelles devrait s'édifier le système nouveau, conforme à la fois aux antiques traditions de notre droit en ce qu'elles ont de respectable et de durable, et aux aspirations modernes.

Une telle réforme quoique faite en apparence uniquement dans l'intérêt de la femme, serait toute à l'avantage de la famille. Dans les ménages populaires, ceux pour lesquels est écrit le régime légal, l'épouse plus que l'homme est économe, c'est un fait. A défaut de la connaissance des affaires — le mari l'a-t-il davantage, est-elle même nécessaire là où il n'y a pas de patrimoine — la femme est guidée par l'instinct maternel. C'est elle déjà qui garde dans quelque coin la modeste épargne amassée sou par sou pour les jours où la misère criera plus fort. Plus libre de son action, plus maîtresse d'elle-même, il est certain qu'elle usera de la liberté dans l'intérêt de ses enfants et du mari lui-même. Au point de vue de l'amélioration du sort de la famille ouvrière, et de la paix sociale par conséquent — et c'est l'intérêt de la famille plus que la question du droit de la femme qui importe ici — l'extension de la capacité de l'épouse s'impose.

La réforme relèverait aussi la dignité du mariage.

Trop souvent l'épouse est considérée comme une inférieure ; un sourire de bienveillance accueille ses réflexions, un haussement d'épaules réfute tous ses raisonnements. Fille ou femme, elle est pour beaucoup l'éternelle poupée qu'on choye ou qu'on néglige selon son caprice. Et elle est souvent profondément vraie l'exclamation de la Nora d'Ibsen à son mari « j'ai été poupée-femme chez toi, comme j'ai été poupée-enfant chez papa. Et nos enfants à leur tour ont été mes poupées à moi. »

Cette idée a été consacrée par nos Codes, c'est par les légistes qu'elle a pénétré dans nos mœurs, il est temps aujourd'hui de réagir par la loi, et de donner à la femme la place qui est dûe au foyer à la compagne de l'homme. Il faut habituer le mari à compter avec sa femme, à voir en elle un être semblable et égal à lui. Le mariage y gagnera en grandeur. Quand l'idée de l'égalité des deux sexes aura triomphé, il ne sera plus la domination de la femme par l'homme, mais l'union de deux pensées, de deux vouloirs, de deux amours, l'union de deux êtres enfin ; et sera vraiment réalisée la parole de la Bible : « et erunt duo in carne una. »

CHAPITRE III

DU DROIT DE LA FEMME AU PRODUIT
DE SON ACTIVITÉ PROPRE

Tout meuble, d'après les règles du régime légal, tombe dans la communauté : par conséquent le produit du travail de la femme, non seulement lorsqu'elle concourt à l'industrie ou au commerce du mari, mais même lorsqu'elle exerce un commerce propre ou une industrie séparée. Or, on le sait, le mari dispose à son gré et sans contrôle des biens communs ; il en est le maître absolu (article 1422).

Que l'on suppose « le mari débauché, paresseux, dissipateur, la femme honnête, laborieuse, économe, les conséquences apparaissent dans toute leur injustice ; la femme peut peiner, économiser pour arriver à soutenir le ménage et à élever ses enfants ; dévoûment bien inutile, le mari est là, prêt à toucher le salaire à mesure qu'il est gagné, et à mettre la main sur les moindres économies à mesure qu'elles sont constituées (1). »

Telle est, en effet, la confiance aveugle que le Code a eu dans le chef de l'association conjugale qu'il semble l'avoir cru incapable de détourner de sa destination dans un intérêt personnel le produit du travail de la femme, et qu'il n'a réservé à l'épouse aucun moyen autre que la séparation de biens pour soustraire au mari oublieux de ses devoirs le fruit de son activité propre, et le faire servir au bien des enfants et de la famille. Mais la séparation de biens est coûteuse, même avec l'assistance judiciaire elle entraîne toujours une perte de temps. En fait, elle est inconnue dans le peuple. Quand la femme ouvrière voit son mari oublier ses devoirs, et dissiper son salaire, elle ne connaît d'autre ressource que le divorce ; le brisement du lien conjugal lui apparaît comme la suprême garantie de son droit et le nombre des divorces sans cesse croissant montre avec quelle facilité elle y recourt. C'est la preuve aussi de la gravité du mal.

De cette triste situation de la femme mariée vivant du produit de son travail, dans l'intérêt de la famille et de la société, est né, dans tous les pays d'Europe où le régime légal est autre que la séparation de biens, un mouvement de réforme en faveur

(1) Proposition Goirand. — Séance du 9 juillet 1894. *J. Off.* 1894. Annexe n° 801.

du droit de l'épouse à son salaire. Commencé il y a trente ans, à peine, il a aujourd'hui triomphé dans la plupart des législations.

C'est en Angleterre que la réforme débuta ; elle y a été poussée depuis jusqu'en ses dernières conséquences transformant le droit le plus dur pour la femme, en la législation la plus libérale qui existe.

D'après la « common law » la femme était placée sous la dépendance absolue de son mari ; elle n'avait aucune personnalité juridique, ses biens appartenant au mari. Dans les années qui précédèrent 1857, la société « pour le progrès des lois » essaya de réagir contre cette situation intolérable, contre laquelle avait protesté éloquemment Stuart Mill. Elle obtint dans le « divorce act » de 1857 l'insertion d'un article autorisant la femme mariée en cas d'abandon de son mari à requérir du juge une ordonnance lui permettant de rester seule maîtresse des biens qu'elle pourrait acquérir après le départ du mari (1). Ce fut le premier pas. L'act. du 9 août 1870 compléta la réforme en généralisant la mesure. Il décida que les salaires d'une femme mariée gagnés dans tout emploi indépendant de son mari et les capitaux provenant de ces gains seraient propriété particulière de la femme et affectés à son usage en dehors de tout contrôle du mari (1). Allant plus loin encore, la loi

---

(1) Cf. LEHR. — *Eléments de droit civil anglais.*

du 18 août 1882 établit la séparation de biens absolue comme régime légal (1).

D'Angleterre, le mouvement gagna les pays Scandinaves; et la Suède, (11 décembre 1874), le Danemarck (9 mai 1880), la Norwège (29 juin 1888), la Finlande (15 avril 1889) reconnurent successivement le droit de la femme mariée à la libre disposition de salaire.

« La femme seule, dit la loi Danoise, a le droit de disposer entre vifs sans le consentement de son mari ni d'aucun autre tuteur des produits de son industrie personnelle, lorsque cette industrie n'est point alimentée ou entretenue en majeure partie des deniers du mari ou de la communauté. » Et les autres lois reproduisent les mêmes dispositions.

En Suisse, l'art. 594 du Code de Zurich surbordonne « le droit du mari sur les gains de la femme et sur le revenu de ses propres à la condition qu'il pourvoie d'une manière convenable à l'entretien de la femme et des enfants. »

Et la loi de Genève du 7 novembre 1894, plus libérale, tout en respectant le principe de la communauté garantit à la femme mariée la libre disposition du produit de son travail.

Enfin, l'article 1367 du nouveau Code civil Allemand déclare « bien réservé ce que la femme acquiert

(1) *Annuaire de législation étrangère* 1000, p. 320.

par son travail ou par l'exercice personnel d'une profession lucrative. »

Si à ces pays on ajoute ceux ou la séparation de biens est le régime légal, la Russie, l'Italie ; on voit en somme que dans la majeure partie de l'Europe aujourd'hui la femme mariée est maîtresse 'de son salaire (1).

En France, malgré de louables efforts, la réforme n'a pas encore triomphé, et notre législation reste, de ce fait, en dehors du mouvement de progrès qui se manifeste en Europe. Deux projets de loi dûs l'un à MM. Jourdan, Dupuy-Dutemps et Montaut et inspiré des travaux de MM. Glasson et Jalabert ; l'autre à M. Léopold Goirand ont pourtant été déposés à la Chambre des députés, (22 juillet 1890 et 7 juillet 1894), mais la campagne menée par « l'Avant-Courrière » n'a jusqu'ici réussi qu'à faire adopter par la Chambre le projet Girand, le Sénat ne l'a pas encore sanctionné.

La question reste donc entière. Dans l'opinion toutefois, l'idée du droit de la femme sur son salaire gagne peu à peu du terrain. Ceux qu'effraie le plus « le péril féministe » commencent à reconnaître qu'il est de l'intérêt de la famille de donner à la femme le pouvoir de soustraire à un mari trop souvent dissipateur le fruit de son travail, et le droit de

(1) Cf. L. FRANCK. *Les salaires de la famille ouvrière.* Bruxelles, 1896.

disposer de l'épargne qu'elle a péniblement amassée. La nécessité d'une réforme s'impose de plus en plus aux esprits sincères et impartiaux : elle ne peut tarder à se réaliser (1).

Mais, d'accord sur la nécessité d'une modification à notre régime légal, ceux qui préconisent la réforme, se divisent sur les moyens de la réaliser et sur l'étendue des droits à accorder à la femme mariée. Les diverses théories peuvent se ramener à quatre systèmes :

1° Maintenir en principe le droit du chef de la communauté au salaire de la femme, mais créer pour la femme laissée sans ressources par son mari une séparation de biens quant à son salaire, plus

---

(1) Consulter sur la question en France.

Louis Franck. — *Les salaires de la famille ouvrière.*

Hubert-Valleroux. — *Le Contrat de travail.*

Louis Bridel. — *Le droit de la femme mariée sur le produit de son travail.* Revue critique de Lég. et de jurispr. 1893 p. 206.

Cauvrès. — *Protection des intérêts économiques de la femme mariée.*

Bufnoir. — *Bulletin de la Société de législation comparée,* février 1896, p. 173.

H. Pascaud. — *Rapport au Congrès des Sociétés Savantes en 1889. Revue Gén. du Droit* T. XIII, p. 385 et 481, et tome XIV, p. 27.

Glasson. — *Le Code Civil et la question ouvrière.*

Proposition Jeanne Chauvin. — *Avant-Courrière,* 1893.

    —   Goirand. — Séance du 9 juillet 1894 : annexe N° 801.

    —   Jourdan, Dupuy-Dutemps et Montaut. — Séance du 9 juillet 1894, annexe 807. J.-O. p. 1035.

Rapport Goirand. — J. O., annexe 1600. Séance du 14 nov. 1895.

expéditive et moins coûteuse que celle organisée par le Code civil.

2° Reconnaître le droit de la femme de toucher son salaire, et d'en disposer en dehors de tout contrôle du mari ; mais limiter là son droit et laisser subsister le pouvoir du mari sur le salaire dont la femme n'aurait pas disposé, et en particulier sur l'épargne constituée par elle.

3° Exclure de la communauté et déclarer propres les gains et salaires de la femme provenant de son industrie personnelle.

4° Réformer le système de communauté en reconnaissant à la femme le droit « de s'engager pour un travail temporaire, le droit de toucher son salaire et d'en jouir librement, le droit, enfin, d'ester en justice pour tout ce qui concerne son salaire (1) ».

Quel est de ces systèmes celui qui répond le mieux aux nécessités de la pratique et à la réalité des faits ! C'est ce qu'il nous faut rechercher en les examinant successivement. Là, en effet, est toute la question.

*
* *

Le premier système a été proposé par MM. Glasson et Jalabert, et repris à la Chambre des députés par MM. Jourdan, Dupuy-Dutemps et Montaud.

Ils posent en principe la communauté, et l'auto-

(1) Cf. Hubert Valleroux. — *Contrat de travail*, p. 104.

rité du mari pendant la durée du mariage comme
règle des rapports entre époux. Le fondement de la
réforme, n'est pas pour eux le droit de la femme en
tant que personne, comme pour les féministes, mais
la situation malheureuse de l'épouse, que son mari
abandonne ou laisse sans ressources, et qui se trouve
acculée à la misère ou à la procédure toujours longue et coûteuse de la séparation de biens. « Il y a là
(dans la séparation de biens) dit l'exposé des motifs,
une série de démarche, des pertes de temps et d'argent, des interruptions de travail, des délais pendant lesquels elle est exposée à toutes les privations
et aux mauvais traitements de son mari. » C'est cela
surtout qui les frappe. La question est moins pour
eux une question de droit, qu'une question de protection.

Leur théorie juridique, semble-t-il, pourrait se formuler ainsi : Le droit du mari sur le produit du travail de la femme ne lui est pas accordé dans son
intérêt personnel, mais dans l'intérêt de la famille,
et pour le faire servir au bien commun. L'article 214
lui impose, en effet, le devoir de fournir à sa femme
tout ce qui est nécessaire aux besoins de sa vie, et en
vérité, c'est le seul fondement qu'on puisse trouver
à son droit. Si, donc, il vient à oublier ce devoir, et à
abuser de ses droits, s'il laisse notamment sa femme
dans le besoin, ou l'abandonne le droit qu'il a
au produit du travail de sa femme tombe. Celle-ci,

doit par conséquent, reprendre le droit de disposer de son salaire, et pouvoir le forcer en outre, à subvenir à ses besoins. C'est la sanction de l'obligation contractée par le mariage.

Le remède qu'ils proposent est une procédure très simple et sans frais permettant à la femme au cas d'inconduite du mari de conserver le fruit de son travail, et de saisir-arrêter une partie des émoluments du mari ; c'est une combinaison des principes de la séparation de biens, et des droits reconnus aux femmes des militaires et marins par l'avis du conseil d'état du 11 janvier 1808 et les lois des 11 et 18 avril 1831 sur les pensions de l'armée de terre et de mer.

Le projet distingue entre le cas d'inconduite du mari, et le cas d'abandon.

« Lorsque le mari, dit l'article 1ᵉʳ, met par son inconduite les intérêts du ménage en péril, la femme peut ou demander la séparation de biens ou obtenir de la justice le droit de toucher elle-même le produit de son travail et d'en disposer librement. »

« En cas d'abandon, la femme peut en outre obtenir du juge de paix l'autorisation de saisir-arrêter et de toucher des salaires ou des émoluments du mari une part en proportion de sa charge et du nombre des enfants » (art. 3.)

La procédure est très simple. Un billet d'avertissement, émanant du greffier de la justice de paix du domicile du mari en la forme d'une lettre recommandée, convoque les deux époux qui, en principe, doivent comparaître en personne (art. 4 et 5).

Le jugement rendu est essentiellement provisoire et exécutoire, nonobstant opposition ou appel (art. 7). Lorsqu'il autorise la femme à toucher une partie des salaires ou émoluments du mari, la seule signification qui en est faite au mari et à son patron vaut saisie-arrêt (art. 6). Enfin, tous les actes de procédure, jugement et signification, sont dispensés des droits de greffe, de timbre et d'enregistrement.

Tel est le système.

Certes, il est un progrès sur la doctrine du Code civil, il comble une lacune regrettable en sanctionnant énergiquement et par une procédure rapide le devoir contracté par le mari, en prenant femme, de la faire vivre, elle et les enfants qui naîtraient de leur union. Même dans ces limites restreintes, il rendrait de réels services aux femmes travailleuses, abandonnées ou dépouillées par leur mari, et en elles à la famille entière. Mais, malgré l'autorité qui s'attache au nom de ses auteurs, la réforme qu'il propose est insuffisante.

En critiquant la séparation de biens judiciaire, j'ai montré comment souvent elle n'était pour la femme spoliée qu'une trop tardive garantie : le système que je viens d'analyser tombe sous le coup du même reproche. Sans doute, il permet à l'épouse délaissée de toucher son salaire, et c'est beaucoup,

c'est pour l'avenir la sécurité et le pain assuré ; mais
ce n'est qu'un remède tardif. Si le salaire futur est
garanti, le salaire passé, l'épargne, demeure tout entier aux mains du mari. Le projet tend à réparer le
mal une fois fait, mais ne peut le prévenir ; et, faute
de ce caractère préventif, la protection qu'il accorde
à la femme mariée en cas d'inconduite du mari est
incomplète (1).

Insuffisant aussi est le droit qu'il accorde à la
femme sur les émoluments du mari. Pourquoi le limiter au cas d'abandon ? Supposez une femme vivant
avec son mari ; c'est un habile ouvrier, il gagne largement sa vie ; mais, ou vicieux, ou trop faible, il
dépense au cabaret toute sa paye, lui laissant, à elle,
le soin de pourvoir aux besoins du ménage, et
d'apaiser la faim des enfants qui crient. Pour cette
femme, comme pour l'abandonnée, la vie n'est
qu'une longue lutte avec la misère, lutte plus difficile encore peut-être, parce qu'elle est moins libre
de son action, que le mari est là, et qu'elle doit le
faire vivre, en plus des enfants, avec son maigre salaire. Sans doute, elle peut obtenir la séparation de
corps ou le divorce ; mais si elle ne le veut pas, si sa
conscience lui dit de ne pas rompre le lien du mariage, pourquoi lui refuser la protection qu'on ac-

---

(1) Cf. CAUWÈS. — *Protection des intérêts économiques de la
femme mariée.*

corde à la femme délaissée. L'égalité dans la misère ne doit-elle pas entraîner l'égalité devant la loi !

Est-ce un dernier scrupule de respect pour l'autorité maritale qui a arrêté les auteurs du projet? Mais l'inconduite, « lorsqu'elle met les intérêts du ménage en danger » n'est-elle pas à l'égal de l'abandon comme une cause de déchéance de l'autorité maritale. Quand le devoir, seul fondement du droit du mari, est à ce point oublié, le droit qu'il fonde doit disparaître avec lui.

Enfin, le plus grave reproche qu'on puisse adresser à ce premier système c'est son inefficacité pratique. « Quelle que soit la simplicité des démarches qu'ils imposent à la femme, remarque très exactement M. de Verdière dans une thèse récente, c'est toujours une instance qu'ils veulent l'obliger à introduire ; or, c'est cette condition si onéreuse et si cruelle pour la femme déjà malheureuse d'avoir à plaider pour obtenir justice qui, suivant nous, constitue pour la femme un mal réel et un danger véritable ; car elle hésitera toujours à se soumettre à cette condition, qui nécessitera des dérangements et des démarches qui lui susciteront malgré tout des dépenses qu'elle ne peut faire (1). »

La réforme proposée est donc insuffisante. Si on

(1) DE VERDIÈRE. — *Du droit de la femme sur les acquêts*, thèse de doctorat, Paris 1897, p. 117.

veut efficacement protéger le produit du travail de
la femme contre les abus d'autorité du mari, il faut
aller plus loin et reconnaître à la femme en dehors
de toute intervention de justice un droit direct sur
son salaire. Par respect pour nos anciennes traditions, et par crainte aussi peut-être du reproche de
féminisme, le projet Jourdan, Dupuy, Dutemps, Mon-
tand n'a pas osé aller jusque-là et ce manque de
hardiesse nuit à son efficacité.

Pour remédier à ce défaut, M. Cauwès (1), propose
dans une intéressante étude sur la question, de faire
poser aux futurs époux par l'officier de l'état civil
une question spéciale sur le droit qu'ils entendent
réserver à la femme sur le produit de son travail. Si
les deux conjoints étaient d'accord pour reconnaître
à l'épouse le droit de toucher et de disposer de son
salaire, l'officier de l'état civil en prendrait acte dans
l'intérêt des tiers ; au cas de désaccord, les règles du
droit matrimonial seraient applicables, et la communauté légale ne subirait aucune altération. Le système, on le voit, est né du désir de concilier la protection due à l'épouse avec le principe fondamental
de notre droit matrimonial, la liberté des conventions. Les frais d'un contrat de mariage étant trop
élevés pour la plupart des ménages et rendant pour

(1) Cf. CAUWÈS. — *De la protection des intérêts économiques de la
femme mariée.*

eux les conventions matrimoniales impossibles en pratique, il les facilite en les réduisant à une simple réponse des deux futurs époux à l'officier de l'état Civil.

En théorie, je le reconnais volontiers, le système ne donne guère lieu aux critiques, s'il se borne à laisser aux futurs époux la faculté d'exclure de la communauté les salaires de la femme : c'est une question de composition du patrimoine commun qui est laissée à la libre convention des parties.

Mais, étant donné le point de départ, la protection accordée à la femme ne pourrait aller au delà. L'épouse ne pourrait obtenir par contrat de mariage le droit de s'obliger en dehors des limites de l'administration, ou la faculté d'ester seule en justice pour les contestations relatives à son salaire : ce sont là questions de capacité qui sont au-dessus de la convention des parties. Et cette limitation même est à mon sens un premier défaut du système.

En pratique, d'ailleurs, la réforme ne répondrait pas aux besoins qu'elle prétend satisfaire. Ce n'est pas au jour des noces que la femme se méfie du mari ; elle croit, au contraire, à son dévouement absolu, en lui, elle a pleine confiance ; si quelque doute sur sa moralité s'est élevé dans l'esprit des parents, ils n'ont eu garde d'en avertir leur fille, et c'est en toute sécurité et pleine d'espérance qu'elle s'abandonne tout entière à l'époux.

Venir lui proposer au moment où elle unit sa vie à la sienne, de distinguer ses salaires des siens, de lui témoigner dès le début sa méfiance, n'est-ce pas aller avec certitude au devant d'un refus ? Dans le plus grand nombre des mariages, la femme refuserait la protection qu'on lui offre.

Si quelque crainte s'élevant en son esprit, elle l'acceptait, le mari qui se verrait ainsi dépouillé joindrait-il son consentement au sien ? On peut en douter : jamais volontiers on abdique un droit que la coutume a consacré. D'ailleurs, combien de fiancées au jour de leur mariage oseraient ainsi affirmer leur volonté de rompre avec la pratique générale ; la mode s'en mêlant, et le respect humain, la réforme tomberait vite, il est à craindre, en dessuétude.

Pour toutes ces raisons, au lieu de la femme, la loi doit se montrer prévoyante. Aussi bien, puisqu'elle a créé de toutes pièces un régime pour ceux qui ne font pas de contrat, et qu'elle se contente pour le leur appliquer de leur consentement tacite, elle peut sans difficulté suivre ici la même méthode, et modifier son organisation.

La théorie de la liberté des conventions sera respectée dans la même mesure qu'aujourd'hui, puisque les époux pourront toujours par contrat de mariage contrevenir aux dispositions légales ; l'harmonie de notre législation ne sera donc pas rompue ; et dans

la pratique, c'est le seul moyen de faire triompher
une innovation désormais nécessaire.

C'est le point de départ du second système.

*
* *

Il a été formulé à la Chambre dans le projet Goirand.
Comme le premier, il pose en principe la communauté.

« Elle (la proposition) conserve la communauté
légale comme le régime de droit commun et ne
permet ni au mari, ni à la femme de se constituer
en propres les fruits de leur travail » dit le rapport
sur le projet de loi Goirand. « La femme acquiert le
droit d'en disposer, mais si elle les emploie à l'acquisition d'un bien mobilier ou immobilier, ainsi trans-
formés ils tombent dans la communauté. Il en est de
même si, au lieu de les dépenser comme la loi lui en
donne le droit, elle les économise. Dans l'un et
l'autre cas, le salaire dont la femme n'a pas disposé
est laissé à l'administration du mari et devient le
gage commun des créanciers,... En un mot, le but
que nous avons poursuivi, c'est de permettre à la
femme de pouvoir affecter les produits de son
travail soit aux besoins de sa famille, soit aux siens
personnels, mais nous n'avons pas voulu aller au
delà. Notamment, nous n'avons pas cru pouvoir attribuer à la femme un droit qui est refusé au mari,
celui de constituer un patrimoine distinct qui eut été
la négation même de notre droit commun, celui de

la communauté, et eût engendré dans les rapports avec les tiers des procès incessants d'une solution difficile, et donné lieu souvent à des combinaisons frauduleuses pour échapper aux justes revendications des créanciers. »

Ainsi, droit pour la femme de toucher son salaire et d'en disposer librement pour ses besoins personnels et ceux de la famille, mais droit de la communauté, et par conséquent du mari, sur ce même salaire devenu épargne, et interdiction pour la femme de le capitaliser dans son intérêt personnel : telle est en deux mots l'économie du système.

Quant au droit de la femme de saisir-arrêter dans certains cas le salaire de son mari, le système Goirand le reconnaît comme le précédent, mais en lui donnant comme corollaire le droit du mari, en cas d'existence d'enfants, et si la femme ne subvient pas spontanément dans la mesure de ses facultés aux charges du ménage, de mettre opposition à ses salaires. Les charges du mariage, en effet, sont communes. Il est juste de donner au mari un moyen d'intervenir dans les actes de sa femme pour qu'elle n'abuse pas de la liberté qui lui est reconnue, comme elle a elle-même une action contre le mari lorsqu'il abuse de ses droits. C'est l'application trop rare en notre droit de la théorie de la réciprocité comme règle des rapports entre époux.

Aussi bien, voici le texte du projet de loi adopté par la Chambre des députés le 28 février 1896.

Article 1. — « Quel que soit le régime adopté par les époux, la femme a le droit de recevoir sans le concours de son mari les sommes provenant de son travail personnel et d'en disposer librement. La présente disposition n'est pas applicable aux gains résultant du travail commun des époux.

Les biens acquis par la femme avec ses gains personnels appartiennent à la communauté. »

Article 2. — « En cas d'abandon par le mari du domicile conjugal, la femme peut obtenir du juge de paix l'autorisation de saisir-arrêter et de toucher des salaires ou des émoluments du mari une part en proportion de ses besoins et du nombre de ses enfants.

Le même droit appartient au mari en cas d'existence d'enfants, si la femme ne subvient pas spontanément dans la mesure de ses facultés aux charges du ménage. »

Quant à la procédure, elle est la même que dans le projet Jourdan, Dupuy-Dutemps et Montaut, auquel elle a été empruntée.

Mieux que le premier système, le projet Goirand, je l'ai déjà fait sentir, a compris la solution du problème. Donner à la femme un droit direct et personnel sur son salaire, c'est bien là, la réforme qui s'impose au législateur ; c'est le meilleur moyen, tout en maintenant la communauté, de prévenir les

abus d'autorité du mari, de défendre la famille contre
ses prévarications : c'est éviter du même coup deux
dangers, le pouvoir trop absolu du mari, et ces luttes
judiciaires entre époux, signe prochain de la ruine
du lien conjugal. La procédure devant le juge de paix
instituée par le projet Glasson-Jalabert n'aurait été
bien souvent que le préliminaire d'une demande en
séparation de corps ou en divorce. En reconnaissant
à la femme sans aucun procès, le droit à son salaire,
le projet Goirand répond aux nécessités de la pratique et à la réalité des faits.

Il n'est d'ailleurs, en cela, que la reproduction de la
loi anglaise de 1870 et de la loi Danoise de 1880. Mais
pourquoi ne les avoir pas suivies jusqu'au bout, et
avoir fait rentrer les biens acquis par la femme du
fruit de ses économies sous l'administration du mari ?
Pourquoi ne les avoir pas soustraits, comme l'a fait
la loi Genevoise de 1894 aux créanciers personnels
du mari ? Certes, ce n'est pas un oubli. Après avoir
établi au début de son rapport que la femme ne peut
se constituer un patrimoine propre, M. Goirand y
revient encore à la fin, et il précise. « Rappelons
enfin, dit-il, qu'au regard des tiers comme au regard de son mari, dès que la femme a appréhendé
ses salaires et qu'elle en a disposé, elle a épuisé son
droit. Il en est de même si elle les laisse subsister
sous forme d'économies. Ils sont alors abandonnés
à l'administration du mari et comme les autres biens

de la communauté peuvent être saisis et réalisés par les créanciers. » Quelle imprévoyance alors, ou quelle inintelligence des faits, de placer la femme dans cette alternative de dépenser tout son gain ou de s'en voir privée. Quel souci des véritables intérêts de la famille ; c'est une prime à la prodigalité.

« On craint probablement, dit excellemment M. Bufnoir, de s'engager dans le mouvement féministe qui est au fond de la loi Genevoise, mais ne s'expose-t-on pas aussi à détourner la femme de l'épargne et à l'encourager à dépenser légèrement (1)? »

Pour protéger réellement la femme, et en elle la famille, il ne suffit pas de lui laisser la faculté de dépenser à tort et à travers son gain quotidien, il faut lui permettre de constituer une épargne qui sera aux mauvais jours la réserve de la famille. La loi Goirand, pour être véritablement utile, eût dû ajouter à l'article 1er une proposition ainsi conçue : « les salaires de la femme mariée ne répondront en aucun cas des dettes contractées par le mari dans son intérêt propre. » La disposition finale de l'article 1er, au contraire, ruine tout le bénéfice de la loi, qu'elle rend inefficace et même nuisible.

Il faut donc chercher une autre sotution au problème.

(1) BUFNOIR. — *Bulletin de la Société de législation comparée*, février 1806, p. 179.

*
* *

Les féministes ont cru trouver cette solution dans un troisième système. Il suffirait, d'après eux, de décider « que la femme mariée a seule le droit, sans l'autorisation du mari ni de justice, de toucher le produit de son travail et de son industrie personnelle et d'en disposer à titre gratuit et onéreux, lorsque cette industrie n'est pas alimentée ou entretenue en majeure partie des deniers du mari ou de communauté (1). »

Pour justifier cette théorie, ce sont les principes mêmes de la liberté individuelle qu'ils invoquent. Tout être humain a droit au produit de son activité, la négation de ce droit, c'est l'esclavage. « S'il est un principe, dit M. Bridel, qui soit universellement admis dans les contrées où n'existe plus l'esclavage, c'est que le produit du travail doit appartenir à celui qui en est l'auteur (2). » Or, la femme mariée sous le régime légal français, celui qui nécessairement est le plus généralement appliqué, est privée de ce droit : son salaire, le produit de son travail et de son activité propre, ne lui appartient pas, il appartient de par la loi au mari, qui seul peut en disposer. La femme mariée n'est donc pas véritablement

(1) Proposition de Mlle Jeanne Chauvin, Docteur en droit.
(2) BRIDEL. — *Le droit des femmes et le mariage*, p. 85. Paris, 1893.

libre : pour elle subsiste à l'égard du mari un dernier reste d'esclavage.

Et cette situation est d'autant moins justifiable,
qu'elle est spéciale à la femme mariée. L'article 387,
en effet, au titre de la puissance paternelle, délimi-
tant le droit de jouissance du père sur les biens de
son fils mineur, décide que cette jouissance « ne
s'étendra pas aux biens que les enfants pourront acquérir par un travail et une industrie séparés, ni à
ceux qui leur seront donnés ou légués sous la condition expresse que les père et mère n'en jouiront
pas ». Donc ce que gagne l'enfant par un travail
personnel lui est propre ; la loi, si respectueuse qu'elle
ait été des droits du père, n'a pas cru pouvoir aller
jusqu'à lui donner pouvoir sur le travail de son enfant ; elle a craint, en allant jusque-là, de porter atteinte à la liberté individuelle, et de changer en tyrannie la puissance protectrice du père. N'est-il pas,
au moins, étrange, que les mêmes réserves n'aient
pas été faites à l'égard de la femme, et que celle-ci
soit dans la famille moins libre, et moins bien traitée,
que son enfant ?

Il faut faire cesser cette situation, et puisque la
femme est un être libre, une personne, comme
l'homme, lui donner les droits reconnus à tout être
libre.

Telle est la thèse.

Si les projets Glasson-Jalabert et Goirand ne résolvent pas le problème, parce qu'ils restreignent trop encore les droits de la femme mariée, la théorie des féministes pèche par l'excès contraire. Elle va au-delà de ce qui est nécessaire, et sous prétexte de garantir les intérêts de la femme contre les prodigalités et les abus du mari, aboutit, en somme, à déséquilibrer la communauté.

Dans ce système, en effet, — et il faut insister sur ce point, — si les salaires de la femme restent en dehors de la communauté et lui demeurent personnels, les salaires du mari restent soumis aux règles générales de notre régime légal et tombent dans l'actif commun. A la dissolution de la communauté, la femme aurait droit à la moitié des économies réalisées sur les gains du mari, sans que celui-ci ait un droit réciproque sur les économies réalisées par la femme sur ses propres gains. Il y aurait donc deux poids et deux mesures : une règle pour le mari, et une règle pour la femme. Quoiqu'on en dise, l'inégalité subsisterait : elle aurait seulement changé de forme et d'objet.

Elle serait plus grave même. Alors qu'aujourd'hui, si graves en soient les conséquences, la femme n'a à se plaindre que d'une inégalité dans les pouvoirs d'administration, et retrouve, ou au moins a chance de retrouver, lors de la dissolution, avec une part dans les gains du mari, une part de ses propres gains, dans le système qu'on propose, le mari pourrait se plaindre justement d'une inégalité dans la composition de la société de biens, où il mettrait le produit total de son activité sans qu'y entre en compensation, le produit du travail de la femme. L'inté-rêt de la femme ne serait sauvegardé qu'au prix du sacrifice par le mari de ses intérêts et de ses droits. A moins qu'on ne décide par une juste réciprocité les salaires du mari exclus de la communauté, et qu'on établisse ainsi une véritable séparation de biens quant aux salaires. Mais ne serait-ce pas aller à l'encontre de nos traditions et de nos mœurs françaises ?

En somme, la solution féministe est inacceptable dans ses conséquences pratiques, et c'est ce qui est intéressant à retenir. Elle équivaudrait, sous prétexte d'égalité, à établir un véritable privilège en faveur de la femme mariée.

Là, n'est donc pas encore la véritable solution du problème.

*
* *

Mais avant d'exposer le dernier système, celui qui nous semble le plus conforme à la réalité des faits et aux besoins certains de la famille et de la femme mariée, il est nécessaire de bien poser, une fois encore, les termes de la question.

Le mari, comme chef de la communauté, a droit de toucher le salaire gagné par la femme, même par un travail séparé et d'en disposer. Trop souvent —

c'est un fait d'expérience — il abuse de son droit, et oublieux de son devoir, gaspille avec son gain, le gain de sa femme. C'est la misère pour la famille. Il importe donc, non seulement dans l'intérêt de la femme, mais aussi dans l'intérêt des enfants et du mari lui-même, de permettre à la femme de toucher son salaire et d'en disposer ou de le conserver à son gré.

Par le mariage, le mari contracte l'obligation de subvenir aux besoins de sa femme, et avec elle aux frais d'entretien et d'éducation de leurs enfants (art. 203. 212. 214). Il est donc juste et utile, à la fois, lorsque le mari se refuse à remplir ces devoirs, d'accorder à la femme représentant l'intérêt de la famille, la faculté de saisir, par une procédure rapide, des salaires du mari ce qui est nécessaire pour subvenir aux charges du ménage.

Mais la femme, pas plus que l'homme, n'est impeccable ; ce salaire qu'on lui abandonne, elle le peut dépenser follement. Il faut donc donner au mari un droit de contrôle suffisant pour empêcher les abus de liberté de la femme, sous peine de nuire gravement à la famille qu'on prétend protéger. De plus, en fait, le gain des époux est bien souvent dans les ménages vivant de leur travail le seul bien commun. Si donc l'on tient à la communauté, il faut trouver le moyen, tout en laissant, à la femme, la plus grande liberté durant le mariage de faire rentrer les biens acquis par son travail dans la masse partageable, afin que soit respectée l'idée essentielle de la communauté, la participation de chacun des époux aux fruits du travail personnel ou commun.

Reconnaître à la femme le droit de disposer de son salaire, dans son intérêt et dans l'intérêt de la famille ; mais en raison de ce même intérêt, maintenir en ce qu'elle a de conciliable avec la liberté accordée le principe de la communauté. Tels sont les termes du problème.

Nous avons rejeté le premier système comme insuffisant ; le second nous a paru incomplet et dangereux pour la famille ; celui qu'a proposé en Belgique M. Franck et qu'a adopté en partie la loi Genevoise du 7 novembre 1894 résout, semble-t-il, exactement la question.

« La femme mariée, dit l'article 1er de la loi Genevoise, aura sur le produit de son travail personnel pendant le mariage et sur les acquisitions provenant de ses gains, les mêmes droits que la femme séparée de biens. — Ces droits ne s'étendront pas aux bénéfices résultant d'une activité exercée en commun par les deux époux. »

Ainsi, non seulement, la femme mariée a le droit de toucher son salaire, droit que lui reconnaît le projet Goirand, mais encore l'administration de tous les biens acquis par elle de ses gains. Elle peut disposer, sans autorisation, de ses biens mobiliers ; pour l'aliénation des biens immobiliers seulement, elle demeure

soumise à la nécessité de l'autorisation maritale :
(art. 1449 c. c.) : c'est un patrimoine propre que la
femme ainsi se constitue par son travail.

La possession de biens distincts de ceux de la
communauté, de propres soustraits même à l'administration du mari, entraîne pour la femme des obligations. Elle doit, en premier lieu, subvenir propor-
tionnellement à ses ressources aux frais du ménage
commun. C'est la conséquence nécessaire du fait du
mariage, et si cette charge incombe au premier chef
à l'homme, époux et père, la femme ne saurait s'y
soustraire complètement. En second lieu, la femme
doit répondre sur ses biens de toutes les dettes qu'elle
a contractées sans l'autorisation du mari et qui
ne sont pas par conséquent exécutoires sur les biens
communs.

Quant aux dettes du mari elles ne seront exécutoires sur les biens provenant du salaire de la femme,
que si elles ont été contractées dans l'intérêt de la
famille, et, en outre, en cas d'insuffisance des biens
du mari et des biens communs seulement.

C'est ce que décide l'article 2 :

« La femme qui, par son travail, aura acquis des
biens personnels, répondra sur ces biens des dettes
contractées par elle sans l'autorisation du mari.

Elle devra également contribuer proportionnelle-
ment à ses facultés et à celles du mari aux frais du
ménage commun, à l'entretien et à l'éducation des

enfants. Toutefois les biens personnels à la femme ne répondront de ces dernières dettes qu'à défaut de biens appartenant au mari ou a la communauté. Ils ne répondront pas des autres dettes contractées par le mari. »

Si une contestation s'élève sur la provenance des biens, la femme devra prouver qu'elle les a acquis de son salaire : faute de cette preuve les créanciers de la communauté ou du mari pourront les saisir comme biens communs.

Mais pour y arriver elle pourra user de tous les moyens admis par la loi, même de la preuve par témoins. En ce cas aucune autorisation ne lui est nécessaire pour ester en justice (art. 3).

Donc la femme peut acquérir des biens par son travail ; ces biens lui sont propres durant le mariage ; elle en a l'administration. Mais vienne la dissolution, le fait du mariage reprend toute son énergie, et les biens provenant du travail de la femme rentrent dans la communauté. Plus exactement, la femme ou ses héritiers ont un droit d'option à exercer : ou conserver les biens acquis des salaires de la femme et renoncer à la communauté, ou les rapporter, s'ils acceptent la communauté.

Telle est la disposition de l'art. 4.

« A la dissolution du mariage le mari ou ses héritiers pourront exiger que les biens personnels de la femme, acquis conformément à l'art. 1 de la présente loi, soient rapportés à la communauté. Si la femme ou ses héritiers renoncent à la communauté, ils ne sont pas soumis à cette obligation. »

Quant à la sanction des obligations contractées par le mari envers sa femme et ses enfants, la loi Genevoise, au lieu d'organiser une procédure semblable à celle des projets Français, a fait de la violation des devoirs inscrits dans les articles 203, 212 et 214 du Code civil un cas de séparation de corps.

Enfin, toutes ces dispositions sont d'ordre public, et il n'y peut être dérogé même par contrat de mariage (art. 7.)

Telle est la loi Genevoise ; elle est, je crois, très proche de la véritable solution du problème.

Sur certains points, pourtant, elle pourrait être amendée. C'est d'abord en ce qui concerne la sanction qu'elle donne à l'obligation du mari de subvenir aux besoins de sa famille. A la séparation de biens, la procédure très simple et très rapide, adoptée en France par le projet Goirand, et en Belgique par le projet Franck, paraît préférable ; elle correspond mieux aux exigences de la pratique, surtout dans les milieux populaires. Au moins, il eut fallu la laisser subsister à côté de la séparation de biens. En second lieu, le caractère d'ordre public donné à la loi ne se justifie pas suffisamment. « Pourquoi, dit très justement M. Bufnoir, traiter la femme comme une incapable à une époque où elle peut stipuler en toute indépendance, et s'éclairer de tous les conseils qui pourront lui être utiles, alors qu'elle a d'ailleurs dans la séparation de biens un moyen de réparer dans la suite l'erreur où elle serait tombée. » En faisant entrer la réforme dans le régime légal, en exigeant des époux pour s'y soustraire un contrat de mariage passé devant notaires, la loi eût assuré assez énergiquement la protection de la femme ; il n'était pas utile de lui retirer encore la faculté de renoncer, si telle est sa volonté, à ses droits. C'est porter sans raison une atteinte à la liberté des conventions, rompre sans nécessité l'unité de notre droit.

Mais, hors ces critiques, la réforme Genevoise semble la réforme nécessaire et qui s'impose à tous les pays de communauté. Elle est la conciliation de ces deux idées contradictoires eu apparence : Liberté économique de la femme et maintien de la communauté. En assurant l'indépendance relative de la femme quant à son salaire et aux biens qu'elle acquiert de ses gains, elle assure du même coup le salut de la famille quand le mari manque à son devoir ; en permettant à la femme de vivre et d'élever ses enfants, elle évitera sans doute bien des séparations de corps ou des divorces, dernière défense de l'épouse contre les abus d'autorité du mari.

C'est une loi de paix sociale.

On l'a vivement critiquée cependant. On a nié son opportunité, on l'a accusée de ruiner la famille ; on y a vu un privilège en faveur des classes ouvrières destructeur de l'unité de notre droit, une mesure révolutionnaire, enfin. Il me faut répondre à ces objections.

La réforme, dit-on, n'est pas nécessaire ; le tableau qu'on trace des dangers et des misères de l'épouse n'est qu'un rêve, la situation qu'on dépeint est fausse de tout point. « C'est une situation de roman ou de mélodrame (1). » J'accorde que les discours féministes soient parfois purement déclamatoires : c'est la maladie du siècle et de la race, romantique par nature, d'aimer les grands mots et les paroles sonores ; mais je me refuse à ne voir dans le féminisme autre chose qu'une utopie. Qu'en théorie, avec la complicité des textes du Code, les abus de la puissance maritale soient possibles, et que la femme puisse être dépouillée de son salaire, nul, semble-t-il, ne peut en douter ; que ces abus soient des réalités pratiques, deux faits me paraissent le prouver.

C'est d'abord la généralité des revendications féministes en Europe : de pareils mouvements, même quand ils sont exagérés dans la forme où ils se manifestent, répondent toujours à quelque réalité profonde ; ils sont un effort de l'humanité vers un sort meilleur. C'est en second lieu la multiplicité des divorces prononcés sur la demande de la femme. « Les demandes en divorce des femmes, dit un rapport publié en 1892 par le bureau fédéral de statis-

(1) H. BASSET. — Loc. cit., p. 355.

tique Suisse, sont non seulement plus fréquentes,
mais elles sont encore en général reconnues mieux
fondées par les tribunaux que celles des hommes.
On en peut inférer que dans un assez grand nombre
de cas la demande en divorce n'est autre chose que
le dernier moyen de défense du conjoint qui se trouve
dans une situation économique et légale inférieure
contre l'époux plus favorisé, une protection invoquée par le plus faible contre le plus fort (1). »

On en pourrait dire autant en France, où le nombre
des divorces est sans cesse croissant, surtout dans le
peuple : c'est à quoi sert principalement l'assistance
judiciaire. N'est-ce pas là la preuve certaine d'une
situation malheureuse, et qui nécessite une réforme ?

Mais la réforme que vous proposez, répond-on,
conduit logiquement à la ruine de la famille ; vous
en rompez l'unité en constituant deux caisses ; vous
détruisez la communauté ; il est immoral, enfin, de
permettre à la femme de disposer de ses salaires et
du fruit de son travail, car ces gains appartiennent
non à la femme mais à la famille !

Il est aisé de répondre.

En quoi le fait de donner à la femme le droit de
toucher son salaire, et d'administrer les biens qui en
sont le produit, est-il destructif de l'esprit de famille ?
Est-ce parce que il y aura dans le ménage deux pou-

(1) Cité par Bridel. — *Droit des femmes et le mariage*, p. 99.

voirs et deux caisses ? Mais cela existe toutes les fois
qu'il y a séparation de biens, en Angleterre, par conséquent, en Italie, en Russie ou la séparation est le
régime légal ; dans ces pays, la famille est-elle moins
fortement organisée que chez nous ? Cette situation
était dans notre ancienne France celle des pays de
dotalité. Le régime dotal a de graves inconvénients,
c'est certain ; mais les familles du midi étaient-elles
moins fortes que celles du Nord, y avait-il en elles
cette désunion, cette anarchie qu'on se plaît à signaler d'avance comme la conséquence nécessaire du
droit de la femme à ses gains. Le Code lui-même a
admis la séparation de biens contractuelle ; il a reconnu que, par contrat de mariage, la femme pouvait
se réserver le droit de toucher sur ses seules quit-
tances une part de ses revenus, même sous le régime
de la communauté ; n'est-ce pas à une situation analogue que nous arrivons en reconnaissant le droit de
la femme à son salaire ? qu'a-t-elle de plus dangereux ?

Et, d'ailleurs, en fait, il n'y aura deux caisses et
deux patrimoines que dans les cas ou le mari ne
saura pas mériter la confiance de sa femme ; dans
tous les ménages unis d'une vraie union morale, la
femme abandonnera à son mari l'administration des
biens acquis par son travail ; elle unira ses salaires
aux siens comme elle a uni sa vie à la sienne ; de la
faculté qui lui est donnée elle n'usera que lorsque le

mari l'aura abandonnée ou laissée sans ressources ; et alors ne sera-t-il pas heureux qu'il y ait deux patrimoines, et qu'aux exigences du mari la femme puisse opposer une résistance appuyée sur la loi.

La loi Genevoise, ajoute-t-on, détruit la communauté. Distinguons la théorie et le fait. En théorie, la réforme ne porte en rien atteinte aux principes essentiels de la communauté. La distinction des meubles et des immeubles, des propres et des acquêts demeure toujours ; toujours en principe les meubles tombent dans le patrimoine commun et le mari reste le maître. L'idée foncière de communauté, avons-nous remarqué, est le droit égal des époux au partage des meubles et des acquêts, sauf la faculté de renonciation de la femme ; dans le système nouveau, ce droit subsiste même pour les biens acquis du travail de la femme ; ils doivent être rapportés à la masse lors de la dissolution. La composition même de la communauté n'est donc pas changée. La seule modification consiste en une dérogation aux droits du mari comme chef de la communauté ; la femme acquiert le droit d'administrer une partie des biens communs et d'en disposer, voilà toute l'innovation. Elle se borne à donner à la femme une participation à la direction des affaires communes. Il n'y a rien là qui soit contraire à l'essence de la communauté. « En France même, remarque M. Bufnoir, si on consulte la pratique plus que les textes mêmes de la

loi, on reconnaîtra qu'en fait, le concours de la
femme aux actes qui rentrent dans les pouvoirs du
mari est, pour des motifs divers, entré dans les habitudes courantes », et le savant professeur de la Faculté de Paris conclut : « En tous cas..., au point de
vue de la théorie juridique, la concession protectrice
faite à la femme peut s'adapter à la communauté,
sans en pervertir l'économie (1). »

Mais, en fait, dit-on, en adoptant le système Genevois, on arrivera souvent à supprimer pendant le
mariage tout patrimoine commun, le produit du travail des époux étant dans les familles qui vivent
sous le régime légal à peu près la seule source de
communauté. Il ne faut pas exagérer, cependant.
Même pendant le mariage, il pourra y avoir un patrimoine commun ; les salaires seuls de la femme,
en effet, sont exclus de la communauté quant à l'administration et à la disposition ; les salaires du mari,
les successions qui peuvent échoir aux époux restent soumis à la règle commune : toute communauté
n'est donc pas impossible. Et d'ailleurs, puisque nous
nous plaçons en face des réalités de la vie, est-ce
qu'en pratique il y a dans la plupart des ménages
populaires une communauté ? Un maigre mobilier,
un lit, quelques chaises, une table : voilà toute la

(1) BUFNOIR. — *Bulletin de la société de législation comparée*,
février 1896, p. 173.

fortune commune. Les salaires à peine gagnés sont dépensés. L'acuité avec laquelle se pose la question des retraites ouvrières prouve bien la difficulté extrême de l'épargne dans le peuple. L'absence de communauté est dès aujourd'hui un fait, elle est la conséquence des conditions économiques de ceux qui vivent de leur travail ; la loi nouvelle ne créera pas une situation inconnue jusqu'ici, elle ne ruinera, ni en théorie, ni en fai t, une communauté qui dans la plupart des cas n'existe pas ; elle sera seulement une protection pour la femme contre les abus d'autorité trop réels souvent du mari. Loin de ruiner la famille, elle sera souvent pour elle la seule chance de salut.

Vous cédez, reprennent nos adversaires, « à la tendance qui s'accuse de plus en plus dans notre pays de faire des lois pour certaines catégories d'individus, et de multiplier ainsi, soit les privilèges, soit les différences de traitement selon le rang ou la qualité des personnes. Cette tendance est éminemment fâcheuse ; si elle s'accentuait encore, elle nous ferait retourner à l'époque des classes et des castes. » Certes, je ne suis pas de ceux qui veulent refaire l'ancien régime à rebours, et l'égalité devant la loi me semble un principe de justice sociale. Mais n'est-ce pas aussi un principe certain que les lois, les lois de famille surtout, doivent être modelées sur les faits. On nous dit que notre système ne répond qu'aux

besoins des familles ouvrières. Cela est peut être con-
testable, j'en veux convenir cependant. Mais, enfin,
si ces familles ont des besoins spéciaux, une organisation propre, pourquoi la loi qui les régit n'en tien-
drait-elle pas compte ; ce n'est pas notre système qui
est critiquable sur ce point, c'est la théorie contraire
qui ne se comprendrait pas. D'ailleurs, si l'on envi-
sage les faits — et c'est là toujours qu'il en faut venir
— aujourd'hui même sous le Code civil n'y a-t-il pas
deux droits ? Les familles riches, par contrat de mariage, réduisent la communauté aux acquêts, les
familles pauvres vivent sous le régime légal. Si dans
la différence de droit matrimonial, on veut voir l'indication de castes et de classes, les castes et les classes existent maintenant, le droit nouveau ne les
créerait pas.

Enfin, déclare-t-on, la réforme est immorale, le
gain de la femme ne lui appartient pas, il appartient
à la famille !

Sans doute le devoir des époux est d'unir leurs
efforts dans l'intérêt de la famille ; mais la famille
s'incarne-t-elle uniquement dans le mari ? Est-il
exact de dire que donner à la femme le droit de
toucher son salaire et d'en disposer c'est le soustraire aux enfants ; n'est-ce pas souvent, au contraire, le meilleur moyen de le leur faire parvenir.
On doute toujours de la femme, on croit à la vertu
inébranlable du mari. Que de femmes pourtant sont

abandonnées, le mari ne reparaissant que de temps
en temps pour faire main basse sur tout ce qu'il
trouve. « On peut se demander, dit M. Bufnoir,
s'il est sage de laisser ainsi à la femme toute liberté pour disposer de ses gains et des acquisitions
qui en proviennent pour l'unique motif que le mari
a, de son côté, la liberté de disposer des siens. Cependant, il n'est pas défendu de croire que la femme
saura conserver ce qu'elle a su acquérir et économiser, et que l'assurance d'avoir ainsi pendant sa vie
une réserve intangible de la part du mari et de ses
créanciers stimulera chez elle l'esprit de travail et
d'épargne. Cette prévision n'a rien de téméraire. »
Pour moi, j'ai confiance qu'elle se réalisera.

Quant à l'inégalité de traitement entre les époux
qu'on peut reprocher à la loi Danoise, qui excluant
les gains de la femme de la communauté y laisse tomber ceux du mari, elle ne peut être reprochée à notre
système. Les biens acquis par la femme du produit
de son travail rentrent dans la masse partageable au
jour de la dissolution ; le mari en a sa part, comme
la femme a sa part de l'épargne du mari. Et comme
le mari a l'administration de ses gains, le droit accordé à la femme loin de créer entre eux une inégalité, fonde l'égalité. Il n'y a plus deux poids et deux
mesures. C'est un des points ou le système Genevois
a réellement amélioré la théorie scandinave.

En analysant et criquant les articles de la loi de

Genève, j'ai montré les principaux points de la réforme qui, à mon sens, s'impose à la France. Je la voudrais plus complète, pourtant, plus exactement modelée sur la réalité des faits, mieux adaptée aux besoins de la pratique.

La loi Genevoise reconnaît à la femme le droit de toucher le gain de son travail, elle lui laisse l'administration de son épargne, lui reconnaît le droit d'ester en justice sans autorisation pour prouver la provenance de ses biens contre les créanciers personnels du mari : c'est pour la femme une précieuse conquête. Ce n'est pas suffisant, pour assurer sa liberté.

La femme reste toujours, en effet, quant aux contrats qu'elle a à passer, sous la tutelle de son mari ; elle doit toujours requérir l'autorisation maritale pour ester en justice. Libre de toucher son salaire, elle n'a pas seule la capacité nécessaire pour former le contrat qui lui procurera ce salaire, ni pour discuter devant les tribunaux les difficultés qui naîtraient de l'exécution du contrat de travail. Sur ces deux points, dans les circonstances présentes, une plus grande liberté doit être accordée à la femme. Il faudrait lui reconnaître la capacité de louer sans assistance ses services, et d'ester seule en justice toutes les fois que la contestation est née de l'éxécution du contrat de travail. C'est la conséquence logique du droit de la femme à son salaire.

C'est une nécessité de pratique aussi. Supposez une ouvrière mariée ; une difficulté s'élève entre elle et son patron sur une question de travail ; elle veut l'actionner devant les prud'hommes. L'autorisation du mari lui est nécessaire ; or, il la lui refuse, ou bien il a abandonné le domicile conjugal. Si elle veut plaider, la femme devra donc demander l'autorisation de justice ; que de frais, que de démarches pour un procès de minime importance ! Devant les difficultès, elle renoncera à son droit ; la protection inventée par nos lois se sera tournée contre elle. Et ce n'est pas une crainte chimérique. Cette fin de non recevoir est trop commode au patron actionné, c'est une trop facile manière d'éluder toute discussion, pour qu'il ait gardé de l'oublier. M. Hubert Valleroux cite quelque part le cas d'une jeune fille mineure actionnant devant les prud'hommes son patron, et se voyant déboutée de sa demande parce qu'elle agissait sans son tuteur. N'est-ce pas la même hypothèse, et n'est-il pas à craindre que dans les deux cas la solution eût été la même ?

Quant au droit de la femme à louer librement ses services, si elle est en droit une grave innovation, elle ne serait en réalité que la sanction de la pratique journalière.

On étonnerait sans doute un grand nombre d'ouvriers en leur apprenant que l'engagement qui a embauché leur femme à l'usine ou à l'atelier est nul, faute de leur intervention. Et peut-être n'étonnerait-on pas moins les patrons ? Combien, lorsqu'ils prennent une ouvrière, s'inquiètent de demander l'autorisation du mari. Quelques-uns, il est vrai, dressent des feuilles de salaire familial, pour payer en bloc le salaire dû aux différents membres de la famille. Mais c'est une préoccupation morale, bien plus que le souci de la légalité qui les guide, et la plupart du temps ils remettent ce salaire familial, à la femme, qu'ils considèrent non sans raison comme plus économe que le mari. La modification que je réclame ne changerait donc en rien nos mœurs industrielles.

En théorie, il est vrai, elle soulève des difficultés de principe. Plusieurs, parmi ceux qui reconnaissent facilement le droit de la femme à son salaire, lui refusent le droit de louer ses services sans autorisation. Même quand on admet la liberté de l'épouse sur ses biens, on hésite à lui concéder la liberté d'engager sa personne. C'est au fond toujours la même idée qui réapparaît sous une autre forme : la femme appartient à son mari corps et biens. Même en morale, ainsi formulée sans le droit correspondant de la femme, l'assertion est inexacte ; mais là n'est pas la question. Le droit n'a pas pour mission de sanctionner toutes les règles de la morale, surtout lorsque la sanction peut engendrer des abus trop nombreux. L'augmentation de capacité demandée pour la femme est-elle nuisible à la famille, lui est-elle au contraire

utile, telle est la vraie question. On oppose toujours,
le cas où la femme veut se livrer à quelque profession que réprouve justement le mari, où elle veut
contracter un engagement théâtral, ou paraître dans
un cirque, etc... Qu'on veuille bien réfléchir, cependant. Deux hypothèses sont possibles : ou l'harmonie
règne dans le ménage, l'autorité du mari suffira à
empêcher ce contrat dangereux pour la bonne re-
nommée de la famille; — ou depuis longtemps le
mariage n'est qu'un vain mot, l'union des cœurs est
brisée, alors les règles de l'autorisation maritale ne
suffiront pas à arrêter la volonté de la femme, elle
saura toujours trouver quelque moyen de s'y soustraire ou de forcer son mari à demander la séparation de corps ou le divorce qui la fera libre. Là où
règne l'union, la sanction légale de l'autorité du mari
est inutile ; elle est inefficace pour empêcher le
scandale là où est le désaccord.

Il n'y a donc pas de danger réel à augmenter la
capacité de la femme. Il y a utilité, au contraire. J'ai
supposé jusqu'ici la faute de la femme : qu'on inter-
vertisse les rôles. Le mari est dissipateur, la famille
est dans la misère; devant la misère, la femme veut
se dévouer et travailler pour élever ses enfants ; ou
bien encore le mari est absent ; n'est-il pas utile dans
l'intérêt même du ménage de permettre à la femme
d'engager ses services sans aucune autorisation ?
A quoi bon l'opposer au refus du mari? Et l'obliger à

demander l'intervention de justice n'est-ce pas, en fait, lui interdire ce travail dont elle a besoin?

D'ailleurs, je l'ai dit déjà, la pratique a devancé la loi, et dans tous les engagements faits sans écrit par les ouvrières, jamais l'intervention du mari n'est requise.

La réforme du droit de la femme sur le produit de son travail devrait entraîner logiquement aussi une modification de la loi sur la Caisse d'épargne. La loi de 1881, on s'en souvient, reconnaît à la femme le droit de se faire ouvrir sans l'assistance de son mari un livret à la Caisse d'épargne. Mais la femme n'agissant qu'en qualité de mandataire du mari, chef de la communauté, le mari a toujours le droit de révoquer le mandat qu'il a donné : une simple opposition suffit à interdire d'une façon absolue à l'épouse le droit de retirer les économies qu'elle a faites. Désormais, le caractère des dépôts faits par la femme pendant le mariage changeant, le droit du mari devrait être modifié. Ce n'est plus comme mandataire de la communauté que la femme pourrait se faire ouvrir un livret à la Caisse d'épargne, mais en son nom propre et pour y déposer ses économies personnelles. Le droit du mari sur ces épargnes devrait donc être restreint aux limites ordinaires des droits du mari sur le gain de la femme.

L'opposition, par conséquent, devrait changer de caractère ; elle cesserait d'être un veto absolu pour

devenir entre les mains du mari le moyen de contrôle destiné à prévenir les abus de liberté de la
femme et à assurer sa collaboration aux besoins du
ménage. Elle ne serait plus sans appel ; mais la
main-levée en devrait toujours pouvoir être donnée
par le juge de paix.

L'article 6 de la loi de 1881 devrait donc être modifié ainsi : « Elle (la femme) est *seule* admise à retirer
les sommes déposées sur tout livret ainsi ouvert,
sauf opposition du mari pour cause de détourne-
ment. Main-levée de l'opposition pourra être ordon-
née, si l'opposition n'est pas fondée, par le juge de
paix du domicile du mari. »

*
* *

Telles sont les réformes, qui, tout en laissant intacts les principes essentiels de la communauté,
s'imposent aujourd'hui à nous. Les pays Anglo-
Saxons, et les pays Scandinaves nous ont précédés
déjà, et dans la plus grande partie de l'Europe la
femme est aujourd'hui maîtresse de ses gains. Partout
ou ce progrès s'est réalisé, la situation de la famille
s'est améliorée, aucune des ruines que certains
esprits chagrins craignaient de voir s'amonceler no
s'est produite (1).

(1) Cf. *les autorités anglaises et scandinaves*, citées par
M. L. FRANCK dans son étude sur les salaires de la famille
ouvrière.

Au nom de la morale, on a combattu ces modifications de notre droit traditionnel ; c'est inspiré des
mêmes principes de morale que j'ai voulu travailler
à les faire triompher. A une époque où l'alcoolisme
étend ses ravages, où l'immoralité grandissante
ruine la société, il est nécessaire, je le crois, d'augmenter les pouvoirs de l'époux qui jusqu'ici est resté
le plus moral et le plus dévoué à l'intérêt de la
famille. Les divorces augmentent, l'union libre se
développe d'une façon effrayante dans nos villes, il
faut craindre en maintenant trop énergique l'ancienne sujétion de la femme d'activer encore le mal.

« Veut-on, dit très bien M. Hubert-Valleroux, ne
proposer aux femmes d'ouvriers comme remède à la
pénible situation où tant d'entre elles se trouvent que
le divorce ? Car, il ne faut pas se le dissimuler, la
séparation n'est plus guère en usage dans les milieux
ouvriers, on ne connaît que le divorce, et le nombre
des divorces augmente chaque jour ; qu'on craigne
de l'augmenter encore en refusant d'admettre une
mesure en soi absolument juste. Qu'on craigne
encore en maintenant la situation actuelle de décou-
rager le mariage chez les ouvriers. Comment cela ?
C'est que la vie en concubinage est très répandue déjà
dans la classe laborieuse, et s'il se fait encore des
mariages c'est à l'insistance des jeunes filles qu'on
le doit, nullement au désir des hommes. Si les jeunes
filles s'aperçoivent que la situation de la concubine

vaut juridiquement mieux, parce qu'elle peut contracter, jouir de son salaire, ester en justice sans
autorisation, ce que ne peut pas la femme mariée,
cette découverte, avec l'affaiblissement des croyances
et le désordre actuel des mœurs, aura de très graves
conséquences (1). »

Tout milite donc, en faveur du droit de la femme
mariée au produit de son travail, et le jour est proche, sans doute, où la condition de la femme laborieuse étant mieux connue, les nécessités du temps
présent mieux comprises, les derniers scrupules
évanouis, dans l'intérêt de la famille et de la paix
sociale, le droit de disposer du fruit de son activité
sera reconnue à la femme française. C'est le propre
de l'humanité, à mesure qu'elle s'avance dans sa
marche progressive, de se dégager des contraintes
qui furent nécessaires à ses débuts ; et de mieux
reconnaître et protéger la liberté que Dieu a voulu
donner à tout homme, comme le principe de sa
dignité morale.

(1) Hubert-Valleroux. — *Contrat de travail*, p. 108.

CHAPITRE IV

L'INCAPACITÉ DE LA FEMME MARIÉE

J'ai montré la condition juridique de la femme mariée en France, les incapacités qui viennent limiter sa liberté, l'inaction que lui imposait le régime légal ; j'ai indiqué la solution de la question du droit de la femme à son salaire posée aujourd'hui devant les parlements ; et j'ai ainsi comme déblayé ma route ; maintenant le moment est venu d'entrer dans le fond même du problème de la condition juridique de l'épouse dans la famille.

Deux causes, on le sait, viennent de droit commun restreindre en des bornes étroites l'action de la femme dans le mariage : l'autorisation maritale dont la nécessité s'impose à toute femme mariée, et le régime légal de communauté.

J'ai critiqué ces deux institutions, telles que les a comprises et consacrées notre Code ; j'ai dit en quoi elles me semblaient en désaccord avec les besoins de notre vie moderne, et la réalité des faits ; il ne faut maintenant rechercher les réformes qui s'imposent pour rétablir l'harmonie rompue.

Et d'abord, l'incapacité juridique de la femme résultantdu fait du mariage doit-elle êtremaintenue? Ce point établi, nous essaierons dans un autre chapitre de trouver lesbases du meilleur régime légal.

Posons nettement la question. L'autorité maritale, le droit du mari en l'état normal des choses à la direction de la famille, le devoir moral d'obéissance de la femme me semblent, je l'ai dit déjà, au-dessus de toute contestation pour quiconque réfléchit et ne se laisse pas duper par la double fantasmagorie des idées et des mots. Mais autorité du mari et autorisation maritale sont deux choses distinctes ; l'une est un principe moral, l'autre une institution juridique ; l'une est de tous les temps et de tous les pays, l'autre loin d'être universellement admise n'a jamais pu trouver place dans certaines législations, l'une est l'idée, l'autre en est la traduction en droit positif. L'autorité du mari est ici hors de cause, l'autorisation maritale est seule en question ; admise par les rédacteurs du Code, doit-elle être aujourd'hui encore maintenue dans notre droit : tel est le problème.

Le mouvement moderne, c'est un fait, tend à restreindre de plus en plus l'autorité du mari et à augmenter les droits de la femme (1). C'est la mani-

(1) BEUDANT. — *Cours de droit civil*, t. I, p. 480.

festation de la loi générale qui régit l'humanité et conduit les peuples de la contrainte et de l'absolutisme
des temps primitifs à la liberté. Les modifications
qu'ont subi en ce siècle les législations étrangères
et la nôtre même sont la preuve de cette évolution.
Toutes les lois récentes, les Codes nouveaux consa-
crent une augmentation de capacité de la femme
mariée : en 1866, le Code italien, tout en empruntant
au Code civil français l'idée de l'autorisation maritale, limite les cas où cette autorisation est requise
et en change le caractère ; en 1867, le Code portugais
réformant son régime de communauté augmente les
droits de l'épouse dans l'administration des biens
communs ; de 1870 à 1882, l'Angleterre modifie sa
législation, passant d'un droit qui anihilait la personne de l'épouse à un régime de liberté absolue, et
les pays où domine la race anglo-saxonne Etats-Unis,
Canada, Australie suivent son exemple ; en Norwège,
la loi du 29 juin 1888 pose en règle (art. 11) que « la
femme mariée a la même capacité que la femme non
mariée ; » et le nouveau Code civil allemand, enfin,
reconnaît en principe l'entière capacité de l'épouse,
sauf en ce qui concerne les obligations ayant pour
objet des prestations personnelles. Ai-je besoin de
rappeler, en outre, les lois en faveur du droit de la
femme sur ses gains que j'ai eu déjà l'occasion de
citer ? En France, même, où la législation est restée
sur ce point très en retard, la loi du 6 février 1893

en dispersant de toute autorisation la femme séparée
de corps, les lois du 9 avril 1881 et du 20 juillet 1895,
sur la caisse d'épargne, celle du 20 juillet 1886 sur
la caisse nationale des retraites pour la vieillesse ont
été une manifestation de ce mouvement général.

Mais c'est chez les peuples de race anglo-saxonne
que le mouvement d'émancipation a été le plus ra-
dical, le changement plus complet : l'évolution du
droit anglais en ces dernières années peut donc servir de type.

D'après l'ancien droit anglais, la personnalité de
l'épouse était complètement absorbée par celle du
mari. « La common law, écrit M. Glasson, comme
l'ancien jus Quiritium voit dans les conjoints non pas
deux personnes, mais une seule, et cette personne
c'est le mari ». Celui-ci sans doute devait aide et
protection à sa femme, mais comme à une part de
lui-même ; si elle était victime de quelque violence,
c'était lui qui avait droit à des dommages-intérêts ;
si elle venait à subir quelque injure, lui seul était
considéré comme l'offensé, lui seul pouvait poursuivre le coupable, elle n'avait aucun droit et ne
pouvait même pas le contraindre à ester en justice
pour la défendre ou la venger. Si une femme était
enlevée à son mari, la loi reconnaissait à celui-ci
une action en revendication « comme si on lui avait
volé un bien dans son patrimoine » : tellement la
femme était considérée comme la chose du mari.

Incapable de vouloir, semblait-il, elle était censée irresponsable du délit qu'elle avait commis en présence de son mari, seul coupable aux yeux de la loi. Bref, en toutes choses, quant à sa personne, la femme était placée sous la domination absolue du mari : ainsi le membre dépend du corps, n'a de vie que par lui et n'est rien une fois séparé de lui.

Quant aux biens, le mari acquérait par le mariage la propriété de tous les biens personnels de la femme et la jouissance de ses biens réels. Seul, il pouvait passer des actes juridiques intéressant son patrimoine ; la femme ne pouvait ni contracter, ni tester, ni ester en justice. Si, pourtant, avec le consentement du mari, elle pouvait valablement contracter, ce n'était qu'en vertu d'une fiction qui faisait considérer le mari comme seul auteur du contrat et seul obligé. N'ayant d'autre personnalité juridique que celle du mari, jamais, enfin, elle ne pouvait contracter avec lui : on ne contracte pas avec soi-même.

« Par le mariage, dit Blackstone, l'homme et la femme deviennent une seule personne aux yeux de la loi, c'est à-dire que l'être même ou l'existence légale de la femme est suspendue pendant le mariage et renfermée dans celle du mari sous la protection, l'abri, le couvert duquel elle agit en tout point ; aussi l'appelle-t-on dans le vieux français de nos lois une feme-covert, *fœmina vero cooperta* ; on la désigne par l'expression covert-baron comme étant sous la protection et l'influence de son mari, de son baron ou seigneur ; et son état pendant le mariage est appelé se coverture (1) ».

Il est juste d'ajouter, toutefois, qu'en compensation de cette situation précaire pendant le mariage, la femme anglaise avait sur les biens du mari un droit de douaire.

Cette organisation patriarcale, cette anihilation complète de la femme était peut-être conforme aux mœurs et aux besoins du moyen-âge, elle était certes en contradiction avec l'esprit d'indépendance qui est depuis longtemps la propre de la race anglo-saxonne. Comme il arrive toujours quand la loi est en opposi tion avec les mœurs, on tourna la loi.

La coutume s'établit peu à peu, grâce à la juris-prudence des cours de chancellerie, de donner les biens dont on voulait gratifier l'épouse soit lors du mariage, soit plus tard, « à un fiduciaire à charge par lui de les remettre à titre de fidéicommis à la femme ; on prit même souvent l'habitude de choisir le mari lui-même comme fiduciaire sauf à lui laisser ou non suivant les circonstances et la volonté des parents la jouissance de ces biens. » Il s'établissait ainsi sur les biens constitués à la femme en propriété séparée deux droits : l'*use* ou domaine utile appartenant à la

(1) BLACKSTONE. — *Commentaire de la loi anglaise traduction Chom pré,* p. 215.

femme et sanctionné par les cours de chancellerie, la propriété directe reconnue par les tribunaux de droit commun et appartenant au fiduciaire, distinction analogue à celle qui existait à Rome entre la propriété prétorienne et le *nudum jus quiritium*.

La femme, en acquérant un patrimoine séparé, conquit du même coup la personnalité juridique ; l'autorisation maritale n'ayant jamais été comme en Angleterre, elle put désormais s'obliger librement. « La femme séparée, dit M. Glasson, est considérée comme non mariée à l'égard de ses biens, elle peut en disposer librement s'il s'agit de biens personnels ; quant aux biens réels, à moins de convention formelle autorisant la femme à en disposer seule, elle ne peut les aliéner qu'avec le consentement du mari, et l'intervention de justice. » Seulement, comme à côté de la coutume nouvelle le droit commun subsistait, et que d'après ce droit le mari était tenu de toutes les dettes de la femme, les créanciers, d'après la jurisprudence même des cours de chancellerie, ne pouvaient pas poursuivre le recouvrement de leurs créances contre la femme sur ses biens séparés : le mari en demeurait seule responsable.

La jurisprudence des cours alla plus loin encore, et pour favoriser l'établissement au profit de la femme de biens séparés elle obligea le mari, toutes les fois que des meubles parvenaient à sa femme par succession *ab intestat*, à lui en réserver une part, ordinairement la moitié, et à lui constituer lui-même un patrimoine propre. Par contre, la femme ayant désormais des biens personnels, le douaire que la commoulaw lui reconnaissait sur les biens du mari devenait inutile : il tomba en désuétude et disparut peu à peu.

En fait, par le moyen détourné de la fiducie, la coutume était parvenue à établir pour les classes riches le régime de la séparation de biens.

L'ancienne loi subsistait, cependant, pour tous ceux qui ne faisaient pas ou ne pouvaient pas faire de contrat de mariage. Dans ces familles la femme était toujours sous la dépendance absolue du mari, sans biens, sans capacité, sans personnalité juridique. La femme du peuple, surtout, travaillant comme son mari, et cependant n'ayant aucun droit sur l'avoir de la famille avait à souffrir de cette situation. En sa faveur des protestations s'élevèrent : ce fut le point de départ de la réforme législative, qui, en trois étapes, consacra l'émancipation économique de la femme mariée.

Le bill de 1857 porta le premier atteinte au vieux droit anglais en accordant à la femme mariée en cas d'abandon du mari le droit de toucher son salaire et d'en disposer. Fort de ce premier succès : le mouvement d'émancipation s'accentua ; des enquêtes furent faites montrant la triste condition des femmes ouvrières trop souvent livrées à la merci de maris débauchés et paresseux, et la question revint devant le parlement. La loi du 9 août 1870 fut votée. Elle reconnaissait à la femme mariée la propriété séparée des biens meubles existant au jour du mariage ou même acquis postérieurement s'il provenaient du produit de son travail personnel, d'une succession *ab intestat* ou de dons et legs n'excédant pas 200 livres ; et la jouissance personnelle des immeubles acquis par elle avant le mariage, ou à elle échus depuis lors par succession *ab intestat*. Toute femme mariée ayant des biens séparés pût désormais disposer librement de ses meubles et du produit de ses immeubles, et ester en justice pour le recouvrement des sommes et valeurs dont la loi lui reconnaissait la propriété exclusive. Mais, par contre, gardant tous les biens acquis par elle avant le mariage elle était tenue des dettes antérieures à cette date.

Le mouvement était lancé, il avait déjà entamé le vieux droit traditionnel, il ne s'arrêta pas là ; et la loi du 18 août 1882, poussant la réforme jusqu'en ses conséquences les plus absolues, établit la séparation de biens comme régime légal et consacra l'indépendance économique complète des époux.

Ainsi la loi anglaise, jadis la plus tyrannique peut-être pour l'épouse, allant jusqu'à lui dénier toute personnalité et toute vie juridique, affirmant hautement aujourd'hui son indépendance quant aux biens, se plaçait au premier rang des législations émancipatrices.

J'ai tenu à exposer en son entier cette évolution du
droit anglais, bien qu'en Angleterre jamais le problème de l'autorisation maritale ne se soit posé, parce
qu'elle met en pleine lumière le mouvement moderne
et les deux types de la famille entre lesquels, comme
entre deux termes extrêmes, semblent se mouvoir
aujourd'hui les législations : l'un, celui du passé, sacrifiant à l'autorité du chef de famille la personnalité de la femme, l'autre, celui de l'avenir dit-on,
sacrifiant à la personnalité de l'épouse l'autorité du
mari et parfois même l'unité économique du groupe
familial. C'était le meilleur moyen d'établir nettement l'état de la question.

*
* *

Et maintenant quelle solution donner en France
au problème de l'incapacité de l'épouse ?

Une chose est certaine à mes yeux, sur laquelle
presque tous sont d'accord aujourd'hui, c'est l'impossibilité de maintenir le *statu quo*. Il faut une réforme : laquelle ? C'est là que naît la division.

Trois tendances se manifestent. Pour les uns, il
suffit de réformer le Code civil en faisant disparaître
de la théorie de l'autorisation maritale tout ce qui
découle de l'idée de tutelle ; pour les autres, il faut,
tout en posant le principe de la capacité naturelle
des deux époux, donner à chacun d'eux un droit de
contrôle sur les actes de son conjoint, un troisième

parti, enfin, tend à supprimer purement et simplement l'autorisation maritale et à proclamer, sauf les restrictions apportées par le contrat de mariage, l'indépendance de la femme mariée.

Examinons successivement ces trois systèmes.

Le premier système a été proposé par Paul Gide, dans sa remarquable étude sur la condition privée de la femme : il est, en partie du moins, celui qu'a adopté le Code italien de 1867.

Comme le système français, il consacre la nécessité, pour la femme mariée, de l'autorisation maritale, mais il la restreint en des bornes plus étroites ; plus exactement il la constitue sur d'autres bases.

Deux idées, on s'en souvient, servent en droit français de fondement à l'autorisation maritale : l'idée de l'autorité du mari, chef de famille, l'idée de la tutelle de la femme. Les partisans du nouveau système rejettent cette seconde idée : pour eux, la théorie de l'autorisation est la conséquence de l'autorité maritale, elle n'a d'autres bases que la soumission due par l'épouse à l'époux. C'est dans ce changement de principe et dans les conséquences qui en découlent logiquement que consiste la réforme.

Le mari n'étant plus considéré comme le tuteur de la femme chargé d'intervenir dans tous les contrats qu'elle souscrit pour parer à son inexpérience, mais agissant en vertu du droit de contrôle qui lui appartient comme chef de famille sur les actes de sa femme, n'est plus tenu d'intervenir nécessairement toutes les fois que celle-ci passe un acte juridique ou este en justice : seul juge de la soumission qu'il est bon d'exiger de la femme, il est libre, s'il le juge à propos, de lui donner son autorisation pour toute une catégorie d'actes, même de lui accorder une autorisation plus générale encore pour tous les actes qu'elle aurait à passer. Néanmoins, si large soit-elle, l'autorisation ne peut pas être de la part du mari une abdication complète et à jamais de son autorité, elle conserve toujours son caractère essentiellement précaire et peut être révoquée *ad nutum*. Il est nécessaire, en effet, qu'au cas où la femme abuserait de la liberté qui lui est accordée, cette liberté puisse lui être retirée.

Lorsque le mari est dans l'impossibilité d'exercer son autorité, s'il est fou, interdit ou absent, et d'après le Code italien, s'il est condamné à plus d'un an de prison, la femme prenant en fait la direction de la famille, et étant déliée du devoir d'obéissance, recouvre du même coup sa pleine capacité. La justice n'a pas à intervenir pour l'assister à défaut du mari, puisque dans ce système la femme n'est plus une incapable ayant besoin de protection et ne pouvant agir sans tuteur.

De même, le mari agissant non pour compléter la capacité de la femme, mais pour manifester son autorité, sa minorité n'est pas une cause suffisante de substituer à son autorisation l'autorisation de justice ; quoique mineur, il est le mari, comme tel a autorité sur sa femme, c'est donc à lui de l'autoriser.

Par contre, à la différence de notre théorie française, toutes les fois que dans un acte juridique il y a opposition d'intérêt entre les époux, et que par conséquent les abus d'influence sont à craindre de la part du mari, l'assistance de la justice est requise afin d'autoriser la femme. C'est avec l'hypothèse du refus d'autorisation maritale le seul cas où la justice soit appelée à intervenir.

Enfin, par application des mêmes principes, tout acte juridique passé par la femme sans l'assentiment du mari étant considéré non comme un acte nul par insuffisance de consentement chez son auteur, mais comme un manquement à la soumission due par l'épouse à l'époux, la femme n'est jamais admise à en invoquer la nullité : on ne peut arguer de sa faute pour se libérer d'une obligation. Le mari seul peut attaquer l'acte : ni les tiers qui ont contracté avec l'épouse librement et sans fraude, ni celle-ci qui a agi en sa pleine volonté, ni ses héritiers qui ne peuvent avoir plus de droit qu'elle-même n'ont cette faculté. La femme non autorisée n'est pas une incapable, mais une insoumise, et celui-là seul à qui était due soumission peut se plaindre de l'atteinte portée à son autorité ; nul ne l'y peut contraindre.

En résumé, faculté pour le mari d'accorder à sa femme une autorisation générale ; suppression pour la femme de la nécessité de l'autorisation de justice toutes les fois que le mari est dans l'impossibilité physique ou morale d'exercer son autorité ; obligation, au contraire, pour la femme de demander l'assistance de la justice toutes les fois que ses intérêts sont en opposition avec ceux de son mari ; réserve enfin au seul mari du droit de faire tomber les actes faits par la femme sans autorisation : tels sont les points essentiels en lesquels se résume la réforme proposée (1).

Au fond, quoiqu'il en paraisse à première vue, ce ne serait pas une innovation dans notre droit, mais le retour aux origines, à la doctrine de Beaumanoir et de Coquille. Ce serait, après quatre siècles, l'abandon des doctrines néfastes de la Renaissance, la reprise des traditions rompues, l'évolution du droit de la femme, enfin, revenue au point où elle avait dévié.

Une telle réforme serait évidemment un progrès dans notre législation ; c'est être progressif, dans certains cas, que de savoir revenir en arrière et re-

(1) J'ai dit que cette réforme n'avait été qu'en partie accomplie par le Code civil italien. Il reste, en effet, dans ce Code des traces de l'ancien système de mise en tutelle de la femme : par exemple le droit pour la femme mariée et ses héritiers après elle de faire tomber les actes passés par elle sans l'assistance du mari.

prendre la route qu'on avait délaissée. En théorie,
elle ferait disparaître de notre droit tout ce qui y est
encore demeuré de l'idée païenne de l'infériorité de
la femme, et relèverait la dignité de l'épouse dans la
famille. En pratique, elle éviterait les frais qui
viennent grever les petits patrimoines aux jours où
la famille frappée par la disparition de son chef fou
interdit ou absent a besoin de toutes ses ressources
pour échapper à la ruine ; elle permettrait au mari
qui s'absente de laisser à sa femme plein pouvoir
pour la gestion de sa fortune personnelle, comme il
peut dès à présent lui donner mandat pour les affaires
de la communauté, et faciliterait dans le ménage le
partage des attributions entre les époux ; elle ferait
disparaître le piège toujours tendu aux tiers trop
confiants par l'action en nullité de la femme non autorisée, et mettrait fin à quelques-unes des incohérences
et des anomalies que nous avons signalées dans nos
codes. Notamment, en cas d'interdiction, de folie ou
d'emprisonnement du mari, toutes les fois, en un
mot, que, le mari cessant en fait d'être le chef de
famille, la femme hérite de son autorité, la réforme
proposée aurait l'avantage de faire cesser l'illogisme
qu'il y a à confier à la femme l'autorité morale dans
la famille, même dans certains cas à lui accorder
pouvoir sur les biens communs et à lui dénier en
même temps toute capacité personnelle ; elle consa-
crerait cette idée juste, et trop obscurcie jusqu'ici

dans nos lois, qu'à défaut du mari la femme est en droit comme en fait le véritable chef de famille ; enfin en exigeant l'intervention de justice toutes les fois qu'il y a opposition d'intérêts entre les conjoints, elle ferait cesser cette situation étrange de la femme mariée en droit français, qui protégée contre tous par l'intervention du mari, est laissée, quoique incapable, dit-on, de se défendre, à la merci de l'influence journalière et puissante du mari.

Je ne méconnais pas l'avantage incontestable de ces réformes pour la femme et pour la famille ; leur introduction dans notre Code à l'exemple de l'Italie serait, je l'ai dit, un véritable progrès et j'applaudis à l'accord qui commence à se faire sur ce point parmi les jurisconsultes. Elles ne me satisfont pas pleinement cependant ; ce ne sont pour moi que demi-mesures et dispositions transitoires. Sans doute, elles élargissent la capacité de la femme, lui reconnaissant même en certains cas une pleine capacité, et c'est en quoi elles sont utiles ; mais elles font encore à la femme dans le ménage une place trop restreinte, le rôle qu'elles lui attribuent durant le mariage en présence du mari est encore trop passif, trop en désaccord par conséquent avec la dignité de l'épouse et les besoins économiques modernes.

Je l'ai montré déjà, en effet, la femme a de plus en plus besoin même dans le mariage de sa liberté d'action. En étudiant la question du droit de la femme ouvrière, nous avons reconnu qu'il était nécessaire dans les conditions économiques actuelles de lui laisser le droit de contracter librement un louage de service ; et qu'en fait déjà c'était librement et sans autorisation qu'elle passait le contrat de travail. Nous avons ajouté que cette liberté s'imposait dans l'intérêt de la femme, de la famille, du mariage même. Or, les contrats par lesquels la femme engage sa personne ont toujours été regardés jusqu'ici, et dans une certaine mesure à juste titre, comme ceux où il était le plus nécessaire que le mari intervint ; le Code allemand a fait pour eux la seule exception qu'il ait admise à la règle de la capacité de la femme mariée ; comment donc s'il est nécessaire que la femme puisse librement engager sa personne, ne pas lui permettre d'engager librement ses biens personnels.

C'est en quoi la réforme de Gide quoique constituant un véritable progrès sur notre législation actuelle, est incomplète.

C'est qu'il ne suffit pas, lorsqu'on s'est égaré dans sa route, de reconnaître son erreur et revenant sur ses pas de rechercher le point où on s'était écarté de la voie droite ; il faut, après avoir retrouvé le point où l'on avait dévié, aller de l'avant. Ni Paul Gide ni les héritiers de sa doctrine ne l'ont fait. Ils ont bien montré l'évolution du droit de la femme se développant dans nos lois logique et normale d'abord,

puis, s'écartant des vrais principes, et sous l'influence
de la législation romaine rompant avec les traditions de notre race ; ils ont dit nettement à quelle
théorie, à quelle conception des rapports entre époux
il nous fallait revenir pour reprendre la trame rompue des traditions, à quel point il fallait renouer le
fil brisé ; ils ont démontré de façon lumineuse la nécessité d'un retour aux origines. Mais leur œuvre
s'est arrêtée là. Nul d'eux n'est allé plus loin et après
être revenu aux origines n'a tenté de mettre la législation en harmonie avec nos besoins et nos idées
modernes. Le retour aux doctrines du XIIIe siècle leur
a paru une solution suffisante.

Pour moi, je ne ne saurais l'accepter. Ni nos mœurs,
ni nos besoins ne sont les mêmes qu'au moyen âge.
Au XIIIe, siècle le vieil esprit germanique animait
encore la société, les mœurs en étaient imprégnées,
et le temps n'était pas très éloigné où la femme avait
été soumise au mundium perpétuel ; l'épouse confinée au foyer, constituée gardienne de la maison
n'avait qu'un rôle économique secondaire, et dans la
société féodale rigoureusement hiérarchisée l'ordre
social reposait entièrement sur le principe d'autorité. Il n'y avait rien d'anormal, alors, à ce que dans
la société domestique le mari, comme le chef, jouisse
d'une autorité absolue : c'était conforme aux idées
et aux mœurs de l'époque. Mais, depuis lors, une civilisation nouvelle s'est creée. Autre est aujourd'hui

notre conception de la famille, et dans la famille du rôle des époux. L'idée du pouvoir du mari sur sa femme a disparu, l'idée d'autorité a fait place à celle d'association, et la famille tend de plus en plus à devenir la société de deux êtres égaux. A nos mœurs, à nos idées modernes, le droit du moyen âge ne saurait convenir : à une société nouvelle, il faut un droit nouveau.

*
* *

Un second système consisterait, tout en reconnaissant en principe l'égale capacité des époux, à leur donner un mutuel contrôle sur leurs actes en exigeant leur double consentement pour tous les actes de disposition de leurs biens propres.

C'est le système que semble indiquer M. Beudant comme devant être celui de l'avenir.

« Etant donné, dit-il dans son cours, l'état de la question, voici ce qui apparaît comme probable dans l'avenir. On restreindra de plus en plus la nécessité de l'autorisation aux actes qui touchent aux intérêts collectifs de la famille : peut-être *même les subordonnera-t-on à l'assentiment des deux époux*, ce qui identifierait la condition de la femme à celle du mari. En cas de désaccord, la justice interviendrait au mieux des intérêts en présence (1). »

C'est également le système qu'a adopté, sous le ré-

_____

(1) BEUDANT. — *Cours de Droit civil*, t. I, p. 480.

gime de communauté, M. Laurent dans son avant-
projet de révision du Code civil belge.

La même tendance enfin se manifeste dans le Code
civil portugais de 1867 qui exige le consentement de la
femme aux actes d'aliénation des immeubles du mari.

Le système pourrait se justifier ainsi.

L'homme et la femme, une fois majeurs, sont pleinement capables ; le mariage ne peut venir diminuer
la capacité de l'un d'eux ; ils doivent donc conserver, en principe, sous le mariage, leur entière
capacité et pouvoir faire seuls les actes de la vie
juridique. Si, pour la femme, il en a pu être autrement jusqu'ici, c'est par la survivance de traditions
aujourd'hui sans fondement. Maintenir cette incapacité ce serait régir la société des époux qui se marient au xixe siècle par des règles du moyen âge. A
mesure que les sociétés progressent, la personne
humaine s'affirme davantage, l'individu se meut
plus librement. Dans la société domestique, en particulier, la femme étroitement subordonnée à l'homme
aux premiers âges des civilisations devient de plus
en plus, à mesure qu'on s'éloigne des temps primitifs,
une personnalité distincte du mari. Aujourd'hui, les
conditions de la vie économique en ont fait l'égale
de l'homme et le mouvement des législations en
Europe et en Amérique tend à une extension de sa
capacité civile. L'incapacité de la femme mariée doit
donc disparaître.

Mais, par le mariage, l'homme et la femme aliénent dans une certaine mesure leur liberté. Ils se donnent des droits mutuels l'un sur l'autre et contractent ensemble des obligations réciproques. Désormais, une étroite solidarité d'intérêts les unit : le droit de chacun trouve sa limite dans le droit de l'autre et dans l'intérêt commun.

C'est donc dans la réciprocité des droits et non dans une indépendance contradictoire à l'idée de mariage et dangereuse pour les intérêts de la famille qu'il faut chercher la solution du problème de la capacité de la femme mariée. Poser en principe l'égalité naturelle de l'homme et de la femme, assurer au mari chef de famille le moyen de maintenir l'unité dans le groupe familial et d'en coordonner toutes les forces économiques vers le but commun, donner à la femme dans son intérêt propre et dans l'intérêt des enfants un moyen de contrôler les actes les plus graves du mari sur ses propres et le droit d'opposer son veto à ceux qu'elle jugerait ruineux pour les intérêts dont elle est gardienne, en un mot respecter la personnalité de l'épouse, faire plus grande sa place au foyer, la mettre à même d'exercer sa mission conservatrice, et mettre ainsi la loi plus en harmonie avec la coutume des familles les mieux organisées : tels devraient être les fondements du droit nouveau.

En contractant mariage l'homme et la femme,

même s'ils se sont réservé la propriété de leurs biens,
se sont mutuellement accordé un droit de jouissance
sur leurs propres, les biens des époux devant concourir à la même fin, la prospérité du ménage ;
comme père et comme mère ils ont contracté l'obligation vis-à-vis de leurs enfants de pourvoir à leur
éducation et à leur entretien et de les mettre en mesure, suivant leur fortune et l'éducation qu'ils leur
ont donnée, de lutter à leur tour pour la vie. La loi
nouvelle devrait donc donner aux époux le moyen de
faire réciproquement respecter leurs droits, et de
protéger contre les imprudences et les spéculations
l'intérêt des enfants.

Cette sanction du droit des époux se trouverait
dans le principe de leur double intervention aux actes
de disposition entre vifs de leurs propres mobiliers
et immobiliers et aux constitutions d'hypothèque sur
leurs immeubles : En cas de dissentiment la justice
interviendrait pour départager les époux en s'ins-
pirant de l'intérêt de la famille et des enfants.

Au fond, pourrait-on ajouter, ce ne serait pas une
innovation aussi profonde qu'on pourrait être tenté
de le croire. Grâce à l'hypothèque légale, en effet, la
femme est en réalité appelée à consentir tous les
actes de disposition entre vifs d'immeuble, et de
constitution d'hypothèque faite par son mari, les
tiers ayant intérêt à la faire ainsi renoncer à son
hypothèque légale. Souvent même ceux-ci la font

intervenir aux simples actes d'obligation du mari
pour ne pas se voir primés par elle en cas d'exécution forcée, et ce concours s'il est une gêne pour le
mari est la meilleure sauvegarde de la femme. En
fait, quand le mari a des immeubles le concours de
la femme est presque toujours requis sinon pour la
validité, du moins pour l'utilité des actes du mari.
D'autre part, grâce à l'autorisation maritale le mari
intervient à tous les actes d'aliénation des propres
mobiliers ou immobiliers de la femme. La loi nouvelle ne ferait que consacrer cette pratique en la
systématisant et en la complétant. Tandis que l'intervention de la femme n'est demandée par le mari
qu'au cas d'aliénation d'immeubles ou de constitution d'hypothèque, elle serait requise par la loi pour
tous les actes de disposition entre vifs quels qu'ils
soient, pour les aliénations de meubles comme pour
les aliénations d'immeubles, au lieu d'être facultative
elle deviendrait obligatoire. Il n'y aurait pas là une
innovation hasardée, mais la généralisation d'un
système dont les résultats ont été souvent vantés.

Ainsi se trouveraient conciliés l'extension nécessaire de la capacité de la femme mariée, le respect de
l'autorité maritale, et l'idée traditionnelle dans notre
droit d'un lien économique entre les époux.

Si séduisant dans sa logique qu'apparaisse au premier abord ce système, il solève, en fait, comme
le système de Laurent dont il n'est que la généarli-

sation, de nombreuses et graves critiques. Sans doute il semble concilier les différents intérêts en présence, et répondre à l'idéal qu'on s'est fait de tout temps du mariage, à cette union étroite des intérêts qui, dit-on, doit être le symbole et l'expression de l'union des âmes ; mais c'est une conciliation toute théorique. En pratique, elle serait irréalisable, et l'adoption d'un tel système, au moins dans les termes absolus où je l'ai exposé, loin de sauvegarder les intérêts de la famille leur porterait une grave atteinte en paralysant l'action des deux époux. Le remède serait pire que le mal.

L'aliénation des valeurs mobilières, en effet, est souvent un acte d'administration ; il le devient surtout dans certaines professions qui exigent de rapides aliénations : il est nécessaire à un négociant, à un banquier, à un spéculateur d'avoir entre les mains un capital dont il puisse disposer rapidement et sans formes compliquées. Le Code civil et le Code de commerce l'ont bien compris, qui, avec toute la tradition, permettent à la femme commerçante même les aliénations et hypothèques de ses immeubles (article 7 C. co.). Exiger le concours des deux époux à tous les actes d'aliénation de leurs propres constituerait une entrave dangereuse à leur liberté.

Le principe du concours commun aux actes de disposition des biens propres devrait donc nécessairement être réduit aux immeubles. Dans ces limites, il est vrai de le dire, la règle nouvelle ne serait que la consécration de la pratique. Mais est-il bien nécessaire de formuler cette pratique en règle ? Nous ne sommes plus au temps où la fortune immobilière avait une importance capitale, ce n'est plus elle qui donne l'influence et le rang social ; est-il besoin de la protéger par des règles restrictives de la liberté des contrats, alors qu'il est matériellement impossible de mettre ces mêmes entraves à l'aliénation bien autrement grave parfois de la fortune mobilière ? Ne serait-ce pas d'un autre temps de déclarer qu'un des époux ne peut vendre seul un lopin de terre, tandis qu'il peut librement dissiper des millions ?

En somme, ce ne serait qu'une mesquine et inutile protestation contre le grand mouvement économique et social qui tend de plus en plus à diminuer les entraves à la liberté individuelle qu'avaient nécessité les anciennes conditions de la vie économique. Ce serait un dernier obstacle opposé à cette lente évolution du droit de la femme à travers les siècles, qui, l'exemple des législations étrangères nous en est la preuve, doit conduire tôt ou tard la femme à la liberté personnelle et à l'égalité avec l'homme.

* *

C'est de ce principe de l'égalité naturelle de l'homme et de la femme que part le troisième système : le système de la capacité de la femme mariée.

Il est aujourd'hui en vigueur en Autriche, en Norvège, en Angleterre, en Allemagne, où le nouveau
Code civil allemand vient d'en établir le principe ;
il était jadis le système du droit canonique d'où la
puissance maritale était absolument écartée en ce qui
concerne le patrimoine (1). Un projet de loi de
M. Michelin a tenté de l'introduire en France.

La femme est l'égale de l'homme, elle est un être
libre, comme lui, douée de volonté, capable de devoirs. Comme telle elle a droit dans la vie civile au
même titre que l'homme à sa pleine capacité, et c'est
ce que reconnaît aujourd'hui la loi. Cette capacité ne
peut lui être enlevée par le fait seul du mariage,
« Est-ce que, par hasard, la capacité de la femme
serait moindre lorsqu'elle est mariée que lorsqu'elle
est célibataire ? Le mariage, qui, dit-on, émancipe,
aurait-il pour effet de diminuer la capacité de fait de
la femme ? (2) »

« Historiquement, le principe est issu de la tutelle
perpétuelle sous laquelle l'ancien droit romain plaçait la femme, c'est un vestige d'une société détruite
et qui n'a plus de raison d'être dans notre état social.

« Théoriquement, la nécessité de l'autorisation maritale pour tous les actes juridiques heurte l'idée que
la femme est un être capable de raison au même titre

---

(1) ESMEIN. — *Le mariage du droit canonique*, t. II, p. 4.
(2) MICHELIN. — Rapport. Séance du 20 février 1897 : *J. Off.*,
1897. *Doc. parl.* p. 215, annexe nᵛ 2293.

que l'homme et par conséquent apte comme lui à disposer de son patrimoine (1). »

« Rationnellement, l'incapacité légale ne peut se justifier par aucun motif sérieux et déterminant. En dehors de l'incapacité contractuelle résultant du régime matrimonial librement adopté par les époux il ne doit y avoir aucune incapacité spéciale pour la femme mariée (2) », elle doit être tout aussi apte que l'homme à gérer ses affaires personnelles.

Pratiquement, enfin, la doctrine du Code civil en permettant à la femme non autorisée d'invoquer la nullité de ses actes favorise la mauvaise foi. « La femme fera annuler les engagements qu'elle a librement consentis quand ils lui seront défavorables en arguant de son incapacité, elle les maintiendra malgré son incapacité s'ils lui sont favorables (3). »

L'histoire du droit, l'inanité philosophique de la théorie de l'incapacité, les modifications de la vie économique, la place plus grande faite à la femme dans la société, tout donc concourt à la suppression de l'incapacité de la femme mariée. Il y a là une loi sociale, et pas plus que les lois physiques on ne peut impunément violenter les lois qui président au développement des sociétés humaines. Toujours l'édifice construit contre la loi est voué à la

---

(1) Laurent. — Av. proj. C. c. belge, t. 1, p. 431.
(2) Michelin. — *Op. cit.*
(3) Laurent. — *Op. cit.*

ruine. « L'autorisation maritale n'est qu'un reste suranné du passé ; elle est incontestablement destinée à disparaître, comme a disparu la tutelle du sexe (1).»

Bien qu'il choque les idées reçues, c'est à ce système, je m'en suis convaincu après de longues hésitations, que devra nécessairement aboutir tôt ou tard le droit français pour se mettre en harmonie avec les idées, les mœurs, les besoins des sociétés modernes.

On a déjà trouvé, disséminées dans cette étude, les raisons qui insensiblement m'ont conduit à cette conviction. Elles peuvent se résumer en ces trois mots : l'incapacité de la femme est aujourd'hui contraire au mouvement des sociétés, à l'égalité naturelle de l'homme et de la femme, et aux nécessités de la pratique. C'est ce que je vais essayer de montrer ici.

S'il est un fait constant dans l'histoire de l'humanité, c'est bien le progrès du droit individuel à mesure que se développe la civilisation. Qu'on compare les sociétés primitives à nos sociétés modernes ! Alors qu'aux premiers âges l'individu ne semble exister que pour le groupe auquel il appartient, que dans la famille primitive tous les droits sont réunis sur la tête du chef de famille représentant l'intérêt collectif ; alors que dans l'état antique le droit individuel apparaît comme une concession de la société en qui sont concentrés tous les pouvoirs ; aujourd'hui, au

(1) Cf. BRIDEL. — *Le droit de la femme, et le mariage de la femme,*
Id. *Mélanges féministes.*

contraire, la personne humaine est la source du
droit non la collectivité, la souveraineté est une délégation de l'individu, non le droit individuel, une
concession du pouvoir, et dans la famille même, où
l'autorité paternelle a perdu le caractère égoïste que
lui avait donné l'antiquité, la personnalité de chacun s'est affirmée. Là, dans la société familiale, à
mesure que s'est déroulée la succession des siècles la
cohésion a diminué au profit de la liberté des individus, le droit collectif du groupe au profit du droit
individuel. Pour employer l'expression consacrée par
Le Play, à la famille patriarcale, à l'organisation com-
munautaire ont succédé la famille souche et la famille instable. Il semble, quand on regarde l'évolution politique et sociale des peuples, voir l'humanité, mûe par une force interne, marcher irrésistible-
ment, malgré les obstacles et en dépit des erreurs,
vers la liberté et l'indépendance personnelle, comme
vers la fin pour laquelle elle a été créée.

La femme, en particulier, a vu sa condition s'amé-
liorer sans cesse et chaque nouveau progrès dans
l'humanité a été marqué par un pas nouveau qu'elle
a fait vers l'égalité civile. D'abord esclave de
l'homme, sa propriété, elle est devenue peu à peu,
sous l'influence du christianisme surtout, sa compagne, et dans cette condition nouvelle à mesure
que la cohésion de la famille devenait moins nécessaire à la protection, elle a vu encore augmenter,

en dépit des lois souvent, son indépendance et son influence.

Malgré la contradiction apparente que semble apporter le socialisme, ce mouvement se poursuit de nos jours. La tendance est de plus en plus marquée à l'indépendance personnelle ; l'esprit d'initiative et le développement de sa personnalité ne sont pas moins à la mode que la solidarité ; ce sont des mots qui sont dans toutes les bouches. Symptôme plus précieux, les législations nouvelles, nous l'avons vu, même dans des pays aussi différents de formation sociale que l'Angleterre et l'Allemagne, tendent à reconnaître la capacité de la femme mariée. Et le mouvement ouvrier qui aujourd'hui secoue l'Europe, dépouillé des systèmes forgés par les théoriciens, qu'est-il, autre chose que le grand cri du peuple prenant enfin conscience de lui-même, et revendiquant les droits de la personne humaine ?

Maintenir obligatoirement la femme mariée dans la sujétion où elle vivait au XIIIᵉ siècle, ne pas proclamer son entière capacité dans le mariage, sauf les restrictions librement consenties par elle-même, et exiger chaque fois qu'elle veut contracter ou passer un acte juridique quelconque qu'elle demande l'assentiment de son mari, la maintenir, en un mot, dans la tutelle qui a été sa condition jusqu'ici, c'est vouloir s'opposer au grand mouvement qui de tout temps entraîne l'humanité vers la liberté. C'est tenter à la fois une œuvre inutile et néfaste.

Ce serait, en outre, perpétuer dans notre droit une inégalité contraire à la nature et que rien ne saurait justifier aujourd'hui.

L'homme et la femme sont deux êtres égaux par nature. Ils ont des aptitudes différentes, des fonctions diverses, ils n'en ont pas moins le même droit, comme individus, à se mouvoir librement dans la société. Sans doute, du fait du mariage il peut résulter et il résultera généralement des modifications à cette indépendance primitive. Dans certains cas toute la fortune de la famille étant concentrée entre les mains du mari, la femme verra de ce chef sa liberté d'action restreinte. Dans d'autres, au contraire, de plus en plus nombreux à mesure que la femme entre davantage dans la vie industrielle, les époux devront se reconnaître dans leur intérêt commun une large indépendance et une égale capacité. Mais ces modifications à la condition primitive des époux, cette limitation de leur indépendance ne doivent résulter que de leur consentement : tout cela est affaire entre époux. Poser en principe l'incapacité de la femme mariée ce serait supposer l'infériorité de la femme et se mettre en contradiction avec la réalité des faits et la véritable nature de l'homme et de la femme.

Si l'on considère, d'ailleurs, les origines histori-

ques de l'incapacité de la femme mariée on trouve
le mundium germanique et la tutelle romaine.

Or, si respectueuse de la dignité de la femme
qu'ait été la coutume germaine, le mundium ne suppose pas moins entre l'homme et la femme un lien
de puissance : c'est comme conséquence de ce pouvoir sur la personne que le mari a des droits sur les
biens.

La tutelle du sexe de son côté a pour fondement
l'infériorité de la femme, sa faiblesse intellectuelle et
morale, la *fragilitas sexus* en un mot.

Droit de puissance, infériorité de la femme, tout
cela est aujourd'hui bien vieux, bien démodé ; cela a
pu correspondre à d'autres civilisations, cela n'est
plus ni dans nos idées ni dans nos mœurs ; on ne
saurait maintenir dans nos lois une institution qui
est l'expression et la formule de ces théories.

L'incapacité de la femme, enfin, est contraire aux
besoins de nos sociétés modernes.

Le principe de la liberté du travail et son fonc-
tionnement régulier ont profondément modifié dans
ce siècle les conditions du travail. La femme est entrée dans nombre de professions en concurrence avec
l'homme ; elle a quitté le foyer pour se rendre à l'atelier et à l'usine. Que ce soit un bien ou un mal, là
n'est pas la question ; c'est un fait ; et ce fait, je l'ai
montré, tend à se généraliser. Jadis, enfermée dans
l'étroite sphère des intérêts domestiques, la femme

n'avait guère à souffrir de son incapacité ; il lui suf-
fisait, en vertu du mandat tacite du mari, de pouvoir
contracter pour les besoins du ménage. Pour celles
qui se livraient à un commerce avec l'autorisation
de leur mari, l'exception apportée dans ce cas aux
règles de l'autorisation maritale leur donnait une liberté à peu près complète. Aujourd'hui cette capacité
ne saurait suffire, l'exception en faveur de la femme
commerçante est trop restreinte. La femme qui exerce
un commerce n'est plus seule en effet à avoir besoin
de sa liberté d'action ; la femme ouvrière a les
mêmes besoins. Il faut qu'elle puisse contracter des
engagements, recevoir son salaire, ester en justice
pour les contestations nées du contrat de travail sans
avoir besoin de recourir à l'assentiment de son mari,
ou en cas de refus à l'autorisation de justice ; appelée
de plus en plus à partager la condition économique
de l'homme, il faut qu'elle puisse faire tous les actes
que comporte cette situation nouvelle.

A côté de l'exception de la femme commerçante
une nouvelle exception serait donc nécessaire à la
théorie de l'incapacité légale au profit de la femme
mariée qui loue ses services. Mais ne serait-ce pas,
en fait, faire de l'exception la règle ; et, dès lors,
n'est-il pas à la fois plus simple et plus logique de
poser en règle la pleine capacité de la femme mariée
sauf les limitations qui y pourraient être apportées
par le consentement des époux.

Pour toutes ces raisons l'incapacité de la femme mariée doit disparaître de notre droit. Elle a pu, aux temps barbares, être un élément nécessaire de la protection de la femme, elle a pu se perpétuer sous l'influence des traditions et sembler l'instrument nécessaire au maintien de l'autorité du mari ; le moins qu'on en puisse dire aujourd'hui c'est qu'elle est devenue inutile. Le législateur ne doit créer d'incapacité légale, que là où existe une incapacité naturelle à protéger ; dans l'état actuel de nos mœurs et de nos institutions la femme n'est plus une incapable ; l'antique mundium doit donc complètement disparaître et la femme voir enfin reconnaître, même dans le mariage, sa pleine capacité.

Cette réforme radicale de notre droit traditionnel soulève de graves et violentes objections. Supprimer l'incapacité de la femme mariée, dit-on, c'est ruiner l'édifice de la famille, détruire l'autorité du mari, méconnaître le véritable intérêt de la femme ; c'est tenter une réforme dangereuse et immorale.

Le famille, en effet, est une société ; comme toute société, elle a besoin de la cohésion que peut lui donner seule l'unité de direction. Dans un ménage bien organisé, il ne saurait y avoir deux actions, deux volontés séparées et indépendantes l'une de l'autre, tout doit être pensé et agi en commun. C'est le but qui est atteint par l'autorisation maritale. Obligée pour tous les actes juridiques qu'elle

veut passer de demander l'assentiment de son mari,
la femme ne fait rien que par lui et avec lui ; si elle
contracte c'est que le mari l'aura jugé utile dans
l'intérêt commun, si elle se dépouille par une aliénation ce sera pour concourir à l'action du chef de
famille. Ainsi se trouve réalisée l'unité. Supprimez
au contraire l'autorisation maritale, et la femme
pourra agir librement sans même consulter son
mari ; il y aura dans le ménage deux volontés indépendantes : au lieu de l'accord mutuel, vous aurez
créé la division.

D'ailleurs, si divisés que soient juridiquement des
époux, fussent-ils séparés de biens, il y a toujours
entre eux par suite de la vie commune une association de fait. Chacun d'eux est intéressé à la prospérité de l'autre. Que les revenus de l'un viennent à
augmenter l'autre en profitera, qu'au contraire ces
revenus viennent à diminuer, que les biens soient
dissipés ce sera nécessairement un peu moins de
ressources dans le ménage se traduisant pour tous
par une diminution de jouissance. L'acte passé par
la femme, même quant à ses biens propres ne l'inté-
resse donc jamais seule : la famille en ressent toujours les conséquences. Il semble, par suite, nécessaire, en raison même de cette solidarité, tant pour
défendre ses intérêts personnels que ceux des enfants, que le mari, chef de famille, puisse dans la
plus large mesure possible contrôler les actes de la

femme. Cela paraît à la fois juste et logique. Or, c'est à des conclusions tout opposées que vous arrivez : l'indépendance mutuelle va être, selon vous, le principe et la règle des rapports entre époux, plus de lien entre eux en dehors de ceux que pourront établir les stipulations du contrat de mariage, plus de contrôle, plus d'action commune. Qu'on suppose donc une femme ayant des biens propres et s'étant réservé aux termes de son contrat de mariage le droit d'en disposer, elle pourra, suivant votre système, aliéner ces biens, les engager en des spéculations hasardées, se ruiner et par conséquent diminuer non seulement le bien-être actuel du ménage, mais le patrimoine, qui plus tard doit être transmis aux enfants communs, sans que le mari, gardien naturel de ces intérêts divers, ait le droit d'intervenir et d'opposer son veto à ces actes ruineux !

Sous prétexte de satisfaire aux nécessités de la vie moderne, le système de la capacité de la femme mariée méconnaît l'étroite solidarité établie par le mariage entre les époux et les droits du mari à la direction du ménage. Il viole cette vérité certaine « qu'ont comprise les législateurs de tous les temps » qu'il faut un chef au ménage.

Même au point de vue de la femme, la réforme ne serait pas heureuse. C'est parce qu'elle est « dans le sens le plus élevé du mot, la compagne et l'associée du mari », parce qu'elle est admise à collaborer avec lui que la femme ne peut plus agir malgré lui ni sans lui. « C'est donc se méprendre étrangement que de réclamer au nom du progrès la suppression de l'autorité maritale. Mais si vous la supprimez, il vous faudra alors en revenir aux mœurs païennes, il vous faudra rompre toute communauté d'intérêts entre les époux et exclure la femme de toute participation aux affaires du ménage, à moins pourtant que vous ne préfériez encore renverser les rôles et donner à la femme la suprématie (1). »

Enfin, ajoute-t-on, ne serait-ce pas contraire aux exigences de la morale de permettre aux femmes mariées d'entrer en rapport avec des étrangers, de contracter avec eux, de se lier à eux par des obligations plus ou moins étroites sans l'assentissement de leur mari. Quelle sera la situation d'un homme apprenant que sa femme a contracté un contrat de société avec un autre homme, et ne pouvant intervenir pour empêcher cette association ? Même au seul point de vue de la famille, n'est-il pas à craindre que la femme pouvant librement contracter ne transporte, surtout si elle est séparée de biens, le centre de ses intérêts en dehors de la famille ? Que deviendrait alors le mariage ?

Il ne faut pas se laisser duper par les mots. La femme est l'égale de l'homme sans doute ; mais dans

---

(1) GIDE. — *Condition privée de la femme.*

le mariage une hiérarchie, est nécessaire et le chef de cette hiérarchie ne peut être que le mari. Pour assurer son autorité, pour maintenir l'unité de la famille, il est nécessaire qu'il ait un moyen de contrôle sur les actes de sa compagne : l'autorité maritale est ce moyen. Il ne faut pas voir dans l'incapacité de la femme mariée l'expression d'une (déchéance ou de l'infériorité de la femme, c'est uniquement l'instrument de l'unité dans la famille.

Telles sont les principales objections de nos adversaires, j'y répondrai point par point.

Certes, je ne nie pas la nécessité d'une autorité dans la famille. J'ai même déclaré dès le début de cette étude que l'autorité maritale me semblait au-dessus de toute contestation. Mais autre chose est l'autorité morale du mari et autre chose ce pouvoir sur les biens, ce contrôle sur les actes de la femme que lui reconnaissent nos lois. Et c'est ce dernier seul qui est en cause ici.

Or, s'il est certain qu'il faut une autorité dans la famille, on ne peut dire que l'autorité maritale soit la forme nécessaire de cette autorisation, ni que l'incapacité de la femme soit une conséquence fatale de la situation créée par le mariage. La preuve en est dans les diverses législations (Code civil allemand, droit anglais, droit autrichien) qui n'admettent pas cette incapacité et dans le fait que dans ces divers pays le mariage est aussi bien organisé qu'en France,

certains disent même plus solide et plus honoré. On
pose donc une règle beaucoup trop absolue en disant, comme le font les partisans du Code civil, que
l'incapacité de la femme est une condition nécessaire
de la bonne organisation de la famille. Il n'y a pas.
dans tout ceci une question de principe et de théorie
abstraite ; il y a une question de fait et d'utilité pratique ; et dans les conditions économiques modernes,.
je l'ai montré, l'intérêt de la famille, en général,
milite contre l'incapacité de la femme. C'est un premier point.

De plus, toutes les familles ne sont pas construites
sur le même type, toutes n'ont pas les mêmes besoins.
Le concours du mari aux actes de la femme qu'on.
nous représente comme une règle fondamentale du
mariage, utile dans certains milieux où la femme
par éducation et par goût reste ignorante des affaires,
peut être, nous l'avons vu, non seulement inutile mais
nuisible dans d'autres, notamment dans les milieux
ouvriers. Dans certains cas, la cohésion de la famille
devra, pour répondre aux idées et aux besoins des
époux, être très étroite ; dans d'autres cas, elle devra
l'être moins : tout cela dépend des circonstances.

N'est-il pas dès lors fâcheux de poser dans la loi
une règle uniforme, à laquelle nul ne puisse se soustraire, et ne vaudrait-il pas mieux laisser aux époux,
seuls juges éclairés de leurs véritables intérêts, le soin
d'organiser librement leur association conjugale,

quant aux biens ? La réalité n'est pas uniforme mais
variée ; on risque de se mettre en contradiction avec
elle, en ne posant qu'une règle unique.

D'ailleurs, pourquoi tant redouter la liberté pour
l'épouse ? Pas plus que la liberté reconnue au mari,
elle n'est en contradiction avec la nature du mariage ; pourquoi donc trouver intolérable pour la
femme ce que tout le monde reconnaît comme légitime pour l'homme ? La femme, dans la plupart des
cas, est-elle si inférieure en intelligence à son mari ?
D'ailleurs, je le répète encore, par les conventions
matrimoniales, les époux pourront toujours, s'ils le
jugent nécessaire, restreindre cette liberté au moins
en ce qui touche les biens ; et, quant à sa personne,
pourquoi la femme dans le mariage n'en resterait-
elle pas maîtresse au même titre que l'homme ?
« Una lex de mulieribus et viris » disait le droit canonique : c'est la véritable règle des rapports entre
époux.

Mais, dit-on, une telle liberté est contraire à la
morale, le mari a toujours été considéré comme le
chef de la femme.

Je conviens qu'il y a dans le principe de la capacité de la femme mariée une conception des rapports
entre époux qui choque les idées reçues en France.
Mais la moralité qu'on prétend défendre est-elle en
soi bien morale ? Qu'on examine en elle-même et
sans parti-pris ces idées. On sera obligé de recon-

naître qu'elles sont au fond la manifestation dernière de la pensée antique, qui du mariage faisait la
possession de la femme par l'homme. C'est parce que
l'homme, inconsciemment sans doute et sous l'influence des traditions qui pèsent sur lui, considère
toujours la femme comme sa chose et son bien et non
comme un être libre et responsable à son image, sa
sœur et son amie, qu'il trouve étrange de voir la
femme qu'il a associée à sa vie agir, penser, fut-ce
un instant, en dehors de lui. Il peut y avoir là une
question de susceptibilité, il n'y a certainement pas
une question de morale.

On semble craindre, enfin, que la capacité reconnue à la femme, en lui permettant, lorsqu'elle a
des biens propres, d'agir sans l'autorisation et malgré
la défense du mari, ne vienne jeter le trouble
dans les ménages. Je ne disconviens pas que si la
femme use ainsi de sa liberté, il n'en puisse parfois
résulter des querelles et des brouilles ; mais croit-on
que sous le régime actuel le même danger ne soit
pas à craindre lorsque le mari refusant à la femme
une autorisation qu'elle juge nécessaire, celle-ci se
voit dans la nécessité de recourir à la Justice, ou de
céder ? Dans les deux cas, on peut redouter la rupture
du lien conjugal. Souvent, l'esprit de dévoûment de
la femme lui fait aujourd'hui préférer céder plutôt
que d'amener cette rupture ; il n'y a pas de raison
de penser qu'il en serait autrement dans l'avenir.

J'ai répondu, j'espère, aux objections adressées au système de la capacité de la femme mariée, et justifié cette théorie des reproches violents qui lui ont été faits. Je la crois sincèrement la seule conforme aux conditions économiques de nos sociétés modernes, où de plus en plus il est nécessaire que la femme puisse se mouvoir et travailler librement ; je la crois en harmonie avec les véritables intérêts de la famille, où je ne pense pas qu'elle puisse plus que la théorie de l'incapacité engendrer le trouble et les discussions ; je la crois, enfin — et c'est là, à mes yeux, son grand avantage — destinée, en répondant à la véritable conception du mariage, à donner à la femme plus de dignité et plus d'influence dans la famille.

« En apprenant à l'homme à ne voir dans sa compagne qu'un être d'une nature inférieure, incapable ou indigne de s'associer à lui dans les actes les plus sérieux et les intérêts les plus graves de son existence, la loi flétrit au cœur de l'homme ce sentiment de respect pour la femme qui est la source pure et féconde où s'alimentent les vertus privées et les mœurs publiques (1). » En faisant au contraire de la femme l'égale de l'homme, un être capable comme lui, participant aux mêmes droits et à la même dignité, elle anoblit l'homme lui-même ;

(1) GIDE. — *Op. cit.*

et le mariage, alors, revêt sa suprême grandeur,
étant véritablement l'union consciente de deux êtres
libres, asservis l'un à l'autre par leur seul consentement, et ne tenant leurs droits que de leur mutuelle
volonté.

———

CHAPITRE V

On n'a pas résolu la question de la capacité de la femme dans le mariage, quand on a apporté une solution au problème de l'autorisation maritale.

Reste la question du régime légal dont les stipulations viennent profondément modifier la capacité primitive de l'épouse.

J'ai montré les vices de notre régime légal.

Au point de vue philosophique, il fait à la femme, dans la gestion des intérêts pécuniaires de la famille une place trop restreinte ; au point de vue économique, il repose sur une distinction qui a cessé d'être exacte, celle des meubles et des immeubles et ne tient pas un compte suffisant de ce fait que, dans la plupart des familles, la femme collabore autant que l'homme, par son travail et son économie, à la prospérité du ménage ; au point de vue de la protection des intérêts de la femme, enfin, il est imprévoyant, laissant tout l'avoir de la femme à la libre disposition du mari et ne donnant à celle-ci que des moyens insuffisants, parce que trop tardifs, pour se garantir de la ruine. En un mot, il ne correspond plus à nos besoins et à nos mœurs. Il n'est ni le régime des classes riches qui le délaissent pour la communauté d'acquêts, ni celui des classes populaires à qui la loi l'impose, mais à la condition présente desquelles il s'adapte mal.

« Il faut avouer, dit M. Baudry-Lacantinerie, que tout ceci est de plus en plus en désaccord avec nos mœurs et nos idées modernes (1). »

Une réforme est donc nécessaire.

Lors de la confection du Code civil, la question du meilleur régime légal ne se posait guère qu'entre les régimes de communauté et la dotalité : les deux formes d'association pécuniaire entre époux alors usitées en France. Aujourd'hui, la question est déplacée, l'alternative n'est plus la même. Ce n'est plus entre la communauté et la dotalité qu'existe le débat — les difficultés pratiques soulevées par le régime dotal l'ayant fait définitivement écarter comme régime de droit commun — c'est entre les diverses formes de communauté et la séparation de biens.

En présence des insuffisances de notre régime légal actuel, faut-il se contenter d'une modification de

(1) BAUDRY-LACANTINERIE, LE COURTAS et SURVILLE. — *Contrat de Mariage*, p. 533.

la communauté ; faut-il, au contraire, rompant franchement avec les traditions, adopter le régime de séparation de biens. Tel est le problème aujourd'hui posé devant l'opinion, et dont il me reste à chercher la solution.

*
* *

La séparation de biens est aujourd'hui le régime légal de plusieurs grands pays d'Europe.

Le Svod russe pose en principe la séparation de biens absolue entre les époux avec la libre administration par la femme de ses biens personnels.

En Italie, le Code de 1866, en posant en règle que tous les biens de la femme non constitués en dot sont paraphernaux a établi, en fait, pour les époux qui n'ont pas fait de contrat de mariage la séparation de biens comme régime légal.

En Angleterre, enfin, la réforme de 1882 a accordé à la femme mariée une liberté presque sans bornes.

Sans refaire l'histoire de cette réforme, je crois nécessaire d'insister sur cette législation dont les féministes invoquent aujourd'hui l'exemple (1).

La femme anglaise, on le sait, était d'après la Common law, sans personnalité juridique dans le mariage : le mari avait la propriété de tous ses meubles avec la jouissance et l'administration de ses immeu-

(1) Cf. *pour l'historique page* 169 et suiv.

bles. Un droit de douaire sur le tiers des biens laissés par le mari était la seule compensation à cette annihilation juridique.

Aujourd'hui, au contraire, « la femme mariée est capable de la même manière que si elle n'était pas mariée ». Toute femme mariée, depuis le 1er janvier 1883, conserve comme propres tous les biens, mobiliers et immobiliers, qu'elle possède lors du mariage ou qu'elle acquiert par la suite par voie d'héritage ou par son travail, à moins de stipulations contraires expresses. Sur ces biens, elle a tous les droits du propriétaire : elle les administre seule, et peut les aliéner à titre gratuit ou à titre onéreux sans aucune autorisation. Elle peut les obliger par contrat et ester en justice librement. Absolument indépendante dans la famille, elle n'est tenue en aucune façon des dettes du ménage, elle n'est même pas obligée juridiquement de pourvoir aux besoins communs comme la femme séparée en France : si ses revenus servent au bien-être de la famille, ce ne peut être que par un acte volontaire et toujours révocable de sa part. Toutefois, elle reste soumise vis-à-vis des enfants à toutes les obligations auxquelles est soumis le mari.

C'est la réalisation, et au-delà, du vœu formulé par Stuart Mill dans « l'Assujettissement des femmes », lorsqu'il écrivait : « La Règle à poser est simple : Tout ce qui appartiendrait au mari ou à la femme, s'ils n'étaient pas mariés, restera sous leur direction exclusive durant le mariage. » C'est à la division des attributions qu'il tendait, c'est à l'indépendance complète et sans limites de la femme que le droit anglais est arrivé.

La formule de la condition nouvelle de l'épouse se trouve dans ces mots que la loi anglaise de 1882, répète à plusieurs reprises : « La femme mariée est comme si elle n'était pas mariée (1) ».

Je ne crois pas qu'on soit jamais allé si loin dans la voie de l'émancipation de la femme.

Quelle est la valeur pratique de ce régime ? Quels résultats a-t-il donnés ? Comment fonctionne-t-il en réalité. C'est ce qu'il serait intéressant de savoir.

Lors de la discussion de la loi de 1882, la presse et le public avaient favorablement accueilli la réforme ; il ne semble pas qu'on soit revenu sur cette opinion.

M. Wiltfield, sollicitor à Londres, m'écrit à ce sujet. « La loi de 1882 a été très bien accueillie chez nous, et personne, même parmi les plus réactionnaires n'a jamais songé à la faire abroger. Je n'ai jamais entendu dire qu'elle ait influé sur les rapports des époux dans la vie domestique, ni qu'elle soit une cause de désunion. »

D'ailleurs, il faut le remarquer, ce régime est le régime du droit commun, mais il peut être plus ou

---

(1) Cf. LEHR. — *Eléments du Code civil anglais*, p. 66 et suiv. ESMEIN : sur GIDE. — *Condition privée de la femme*, p. 264.

moins modifié par les époux. Or, il semble, qu'à cet égard, en pratique, la femme ne conserve pas toute la liberté que lui donne la loi.

« Vous savez, m'écrit-on encore, que chez nous quand une fille se marie c'est notre habitude de placer sa fortune aux noms de « trustees ». Par ce moyen, la fortune est beaucoup plus protégée que par la législation, et la loi de 1882 n'a pas beaucoup changé notre habitude à cet égard. On peut aussi, par le contrat de mariage ou par testament, empêcher la femme de vendre ou d'hypothéquer ses biens, même de disposer par avance de ses revenus, — et c'est ce qu'on fait ordinairement. »

En pratique, donc, dans les familles aisées, il semble que le régime de droit commun soit moins la séparation des biens, qu'une sorte de dotalité. Ce serait un point nouveau de ressemblance — et à cela rien d'étonnant — entre le droit anglais et le droit romain.

Quoiqu'il en soit, en principe, dans la plupart des ménages, la femme mariée jouit en Angleterre d'une liberté qui lui est inconnue partout ailleurs en Europe.

Est-ce la réforme qu'il faut introduire en France ?

Les féministes le prétendent.

Historiquement, disent-ils, il est prouvé que le mouvement des peuples est vers la liberté. Tout ce qui est contraire à la liberté est appelé à disparaître.

Il est temps de relever la femme de la condition de contrainte et d'infériorité où elle a vécu jusqu'ici. « La séparation de biens, nous apparaît, dit Bridel, comme le régime des temps modernes et de l'avenir, par opposition à toutes les autres combinaisons qui sont des systèmes d'ancien régime (1) ».

Au point de vue philosophique et social, ils insistent sur la nécessité d'augmenter la place faite à la femme dans la famille. « Tout ce qu'on essaie et qu'on tentera pour élever, pour élargir l'esprit et le cœur des femmes nous paraît devoir profiter à leurs enfants, c'est-à-dire aux hommes (2). » D'ailleurs la femme est une personne « elle est juridiquement son propre but, la loi doit la traiter comme telle et lui reconnaître des droits. » Il n'y a pas de raison pour qu'elle soit traitée dans le mariage différemment du mari. « La soi-disant minorité du sexe établie par nos Codes occidentaux n'est qu'une servitude mal déguisée ; le droit du plus fort règne toujours. »

Du reste, ajoutent-ils, « la séparation de biens est sans contredit le régime le plus simple pour les époux comme pour les tiers. » C'est aussi le régime le plus sûrement protecteur de la femme. Il soustrait aux imprudences et aux prodigalités du mari, non seulement la propriété des immeubles de la femme,

(1) Bridel. — Le droit des femmes et le mariage, p. 82.
(2) Secretan. — Le droit de la femme, p. 27.

comme la communauté, mais leurs revenus, ainsi
que la propriété et les revenus de tout son avoir mobilier. Tandis que sous le régime actuel, la femme n'a
guère contre le mari que des moyens tardifs d'action,
un droit à une indemnité plutôt qu'un moyen de
défense, la séparation de biens lui donne le moyen
même pendant le mariage de protéger sa fortune
contre les créanciers du mari. Elle se plie d'ailleurs
merveilleusement aux différents besoins des époux.
Le mari est-il digne de la confiance de la femme,
celle-ci peut lui abandonner la direction de son patrimoine, et il se forme ainsi une communauté de
fait bien supérieure à celle du Code civil, puisque la
femme est appelée à intervenir pour tous les actes
de disposition même des meubles, et que le droit du
mari étant toujours révocable adnutum, elle peut contrôler efficacement son administration ; le mari
vient-il à démériter, elle peut, du jour au lendemain,
sans procès, lui retirer la gestion de ses biens et faire
cesser une communauté qui n'était de sa part qu'une
simple tolérance.

Elle a le mérite, enfin, d'être logique. Puisque,
aujourd'hui, la fortune mobilière est l'égale de la
fortune immobiliére, il n'y a pas de raison de distinguer entre elles. Si l'on veut respecter « le vœu des
familles » selon l'expression de Tronchet, et maintenir les fortunes dans les familles qui les ont acquises,
la séparation de biens s'impose.

« Laissons donc, concluent-ils, les errements du passé avec toutes ses vieilleries et toutes ses entraves, pour marcher résolûment dans la voie de la justice et de la liberté !..... Ce que l'Angleterre a su faire en 1882, la France ne doit pas tarder à l'imiter. Une chose qui est juste et bonne pour l'Angleterre, la Russie et les Etats-Unis, ne saurait être mauvaise pour les autres pays.... (1) »

On résout beaucoup trop facilement la question, à mon sens, en répondant à la thèse des féministes que la séparation de biens est incompatible avec la nature du mariage. Un régime qui est celui de grands pays comme l'Italie, la Russie, l'Angleterre, les Etats-Unis, peut bien ne pas être le meilleur de tous les régimes pour tel autre pays, il ne peut pas être incompatible en soi avec la nature du mariage, sans cela il n'existerait pas.

D'ailleurs, à ce reproche d'immoralité, les partisans de la séparation de biens pourraient facilement répondre. Ce qui est incompatible avec la nature du mariage, c'est la séparation des intérêts, l'indépendance de vie, la mise à l'écart d'un des conjoints par l'autre. Rien de tout cela n'est essentiel à la séparation de biens. Si l'union des âmes existe entre les époux, le régime de séparation de biens n'empêchera pas la communauté des intérêts d'exister,

---

(1) BRIDEL. — *Droit des femmes et le mariage.* p. 82 et 84.

il pourra permettre seulement de diviser la charge de l'administration et réaliser ce concours si cherché des époux aux affaires du ménage. Si l'union des âmes est rompue, il est vrai, la distinction des intérêts s'en suivra, chacun des époux agissant séparément : mais la séparation de biens n'en sera pas cause, et la situation ne sera pas autre que celle résultant sous la communauté du jugement de séparation. Il y aura eu seulement l'instance judiciaire en moins : qui peut dire que ce soit là une cause de désunion ?

Et puis, au seul point de vue moral, n'y aurait-il pas quelque chose de plus fier dans cette indépendance pécuniaire des époux, dans cette union de deux êtres égaux, unis seulement par la muette sympathie des âmes, qui pouvant dissocier leurs intérêts tiennent à les maintenir confondus, comme ils ont confondu leurs vies, leurs peines et leurs joies.

Ce n'est donc pas sur ce terrain qu'il faut se placer pour critiquer l'introduction du régime de séparation de biens dans notre droit comme régime légal ; c'est sur un terrain plus pratique qu'il faut se mettre.

Le premier reproche à adresser au régime de séparation de biens, comme régime de droit commun, c'est de ne pas répondre à la réalité des faits, de ne se pas modeler suffisamment sur la situation des époux pour lesquels il serait institué. Le régime

légal est le régime de ceux qui ne peuvent faire les
frais d'un contrat de mariage, le régime des gens du
peuple, des paysans et des ouvriers. Dans ces ménages,
en général, les époux n'apportent en se mariant aucun
patrimoine ; ils n'ont d'autres ressources que le fruit
de leur travail. Ces gains, ils les mettent en commun
pour vivre et élever les enfants. S'ils peuvent faire
quelques économies, il est bien difficile de dire sur
quel salaire elles ont été faites et à qui elles appartiennent. En réalité, tout est commun, et si quelque
patrimoine lentement se constitue, aucun ne peut
dire qu'il lui appartienne en propre : c'est du travail de l'homme et de l'économie de la femme, du
concours des deux, par conséquent, qu'il est né. Que
si par hasard quelque succession échoie à l'un des
époux, ou s'ils avaient en se mariant quelques économies en fait, toujours les deniers en sont employés
à un usage commun. Dans les familles du peuple,
tous les biens ne forment qu'une seule masse soumise à une jouissance commune.

La séparation de biens viendrait donc établir une
distinction purement théorique entre les biens des
époux : elle ne répondrait dans la plupart des cas à
aucune séparation effective des patrimoines.

D'ailleurs, pour la constitution de ces deux patrimoines distincts, une condition est essentielle, c'est
qu'une constatation des apports soit établie. Au cas de
succession, il est vrai, l'inventaire après décès pour-

rait justifier suffisamment de la provenance des biens. Mais, hors ce cas, pour les biens apportés en dot, une constatation avant mariage serait nécessaire. Or, il s'agit justement d'époux qui n'ont pas voulu ou qui n'ont pas pu faire de contrat de mariage. Le régime légal est créé pour le suppléer, il ne faut donc pas qu'il le suppose.

On dit que la séparation de biens est le régime le plus simple, qu'il ne soulève pas de difficultés de liquidation. En théorie, peut-être ; mais en fait ? Etant donné que les époux n'ont pas fait de contrat de mariage, s'ils avaient des biens propres en se mariant, la preuve de ces apports — des apports mobiliers s'entend — soulèvera des difficultés. S'ils n'avaient pas de biens lors du mariage, les héritiers se trouveront en présence d'une masse unique, fruit du travail et des économies faites en commun. Comment établir ce qui est le patrimoine de chaque époux, comment prouver que tel meuble, telle valeur a été acquise avec les économies de tel ou tel des époux ? Sur la déclaration du survivant ? Les fraudes seront trop faciles pour qu'elles ne soient pas fréquentes. Sur la déclaration écrite de l'époux propriétaire lors de l'acquisition ? Mais quelle comptabilité va-t-on exiger de gens, qui dans la pratique, n'en tiennent aucune. En fait, donc, on va se trouver en face d'une masse de biens appartenant indivisément à deux propriétaires. Comment séparer leur part en l'absence de toute indication sur la provenance des biens autrement que par un partage égal. N'est-ce pas ce qui se fait déjà aujourd'hui sous la communauté ?

Le régime légal de séparation de biens ne serait pas sans danger, en outre, vis-à-vis des tiers, et c'est un intérêt dont il faut tenir compte. Une double fraude est possible, surtout en l'absence d'un contrat de mariage. L'époux poursuivi par ses créanciers pourrait toujours : ou faire passer ses biens à son conjoint, et en l'absence de toute constatation des apports, il serait bien difficile aux créanciers de prouver la véritable consistance de la fortune de leur débiteur ; ou se déclarer débiteur de son conjoint au moyen d'un emprunt fictif, par exemple, d'une somme égale ou supérieure à la fortune que ses créanciers peuvent prouver lui appartenir et son conjoint produisant à la contribution ouverte sur lui se soustraire ainsi en grande partie au paiement de ses dettes. La tentation serait trop grande pour qu'on n'y cède bien souvent.

D'ailleurs, même en ne supposant aucune fraude n'y aurait-il pas quelque chose d'illogique et de scandaleux à voir un homme notoirement insolvable ou même en faillite, vivre à l'abri de ses créanciers, ruinés peut-être, grâce à la fortune de sa femme. Cela serait évidemment contraire à nos mœurs et à notre conception de la solidarité entre époux.

Enfin, quant au droit comparé, une remarque s'impose. Les féministes invoquent sans cesse l'exemple des pays étrangers et montrent la séparation de biens comme le régime le plus usité en Europe (1). Il semble qu'il y ait là une illusion, et que les statistiques qu'ils citent soient un trompe-l-'œil. En Italie, d'abord, si le régime légal est la séparation de biens, la communauté n'est pas prohibée, et la dotalité est le régime courant. On ne peut donc pas compter les trente millions d'italiens comme vivant sous le régime de séparation de biens. De plus, la femme n'a pas sous le régime italien, tant s'en faut la même liberté que sous le régime anglais, puisqu'elle est soumise à l'autorisation maritale. On ne peut donc pas assimiler, sans quelque inexactitude ,l'Italie à l'Angleterre.

Mais l'assimilation est plus difficile encore pour la Russie. Dans le droit anglais, sauf stipulation contraire du contrat de mariage, rien ne vient limiter la liberté de la femme ; dans le droit russe, au contraire, la femme tenue à l'obéissance par la loi est obligée d'obtenir l'autorisation du mari pour « différentes affaires et actes de la vie civile » et notamment les actes d'aliénation et de disposition. Elle semble donc être soumise à un régime assez semblable à celui de la séparation de biens en France. Les mœurs vien-

---

(1) Voir la statistique de Bridel. — *Droits de la femme*, p. 73. D'après cette statistique les pays de communauté ne compteraient guère que 80 millions d'habitants contre 130 millions aux pays de séparation de biens.

nent encore modifier cette situation. La famille po-
pulaire russe est très voisine encore de l'état patriar-
cal, l'autonomie de la femme n'y saurait exister, et en
fait, l'autorité du mari est rigoureusement établie.
Ce n'est donc guère qu'en théorie que la femme est
séparée de biens : « par suite de l'obéissance qu'elle
doit à son mari, et sans qu'il intervienne un contrat
formel pour régir les relations matrimoniales, le régime de fait sous lequel vivent les époux russes est
plutôt un régime de communauté, qu'un régime de
séparation de biens (1). »

On voit ce qu'il faut penser de cette assertion que
la séparation de biens est le régime le plus usité en
Europe, et que la femme française est moins libre
que la femme du moujik russe.

Mais plus que toutes les raisons que je viens de
donner, il y a un argument qui me paraît péremp-
toire contre la séparation de biens régime légal.
Quand le législateur établit un régime légal de biens
entre époux, il ne doit pas se laisser guider par des
considérations abstraites ou par la recherche d'un
idéal. Son rôle est plus humble. Il doit s'enquérir de
la coutume des familles, des idées, des mœurs de ceux
pour lesquels il va édicter la loi, voir comment ils
vivent et non comment ils pourraient vivre : le ré-

(1) GUILLOUARD. — *Contr. de Mar.* I. p. 53.
LEHR. — *Éléments de droit civil russe*, p. 41 et 45.

gime légal ne doit être que la consécration des résultats de cette enquête. On n'impose pas arbitrairement à un peuple une organisation de la famille qui n'est pas la sienne.

Or, en France, nos traditions séculaires, notre formation sociale, notre conception des rapports entre époux, nos idées, nos mœurs répugnent à l'adoption de la séparation de biens comme règle des rapports pécuniaires entre époux. La preuve en est dans la mésestime générale où est tenue la séparation de biens, et dans le peu d'emploi qui en est fait. Cette mésestime est exagérée, je le veux bien, elle est fondée surtout sur des préjugés, peut être ; il n'en est pas moins vrai qu'elle existe, qu'elle est dans l'esprit sinon de tous, du moins du plus grand nombre, hommes et femmes, et qu'on froisserait profondément le sentiment national en imposant la séparation de biens comme règle à ceux qui n'ont pas fait de contrat de mariage.

Le mouvement des peuples est vers la liberté, dit-on. Je le crois aisément, et c'est un fait certain à mes yeux, que chaque nouveau progrès dans l'humanité est marqué par un respect plus grand de la personnalité de l'individu. Mais, en France, à l'heure actuelle, nul mouvement ne semble exister en faveur de la séparation de biens, et c'est là le point capital.

Quand, en 1882, la séparation de biens fut instituée comme régime légal en Angleterre, elle était depuis

longtemps dans les mœurs ; et si le public et la presse
l'ont si bien accueillie, si, depuis, nul n'a songé à revenir sur le fait accompli, c'est que la loi ne faisait
que consacrer une coutume courante et établir l'égalité en étendant à toutes les femmes un droit dont
les femmes riches seules avaient eu le privilège jusque-là. Or, en France, rien de semblable, je le répète. La loi qui introduirait la séparation de biens
comme régime légal serait une innovation radicale.

« Ce qu'il convient de dire, seulement, écrit
M. Bufnoir, c'est que ce régime est pour l'Angleterre
une formation historique. Rien ne paraît le recom-
mander en France. Ne suffit-il pas ici de laisser aux
futurs époux toute facilité de le stipuler (1) ».

On se souvient du mot déjà cité de Montesquieu :
« Les lois sont les rapports nécessaires qui dérivent
de la nature des choses. » La séparation de biens ne
nous apparaît pas en France avec ce caractère de
logique et de nécessité ; on dit qu'elle est le régime
de l'avenir, peut-être ; elle ne saurait être en tous cas
dans notre pays le régime légal des temps présents.

*
* *

Le nouveau Code civil pour l'empire d'Allemagne
a adopté un régime intermédiaire entre la séparation de biens absolue et la communauté : il n'a guère
de la communauté que le nom (Verwaltungsge-

(1) Bufnoir. — *Revue de législation comparée* : fév. 1896, p. 170.

meinschaft,) et se rapprocherait plutôt — quoique de loin — de notre régime sans communauté.

Il distingue dans la société matrimoniale trois patrimoines : le patrimoine du mari, les biens réservés de la femme, et les biens apportés par elle pour subvenir aux charges du mariage. Les biens réservés sont les choses exclusivement destinées à l'usage personnel de la femme, ses vêtements, bijoux, instruments de travail, le fruit de son travail personnel, ou le produit d'une profession exercée par elle sans son mari, les biens qu'elle se serait réservés comme propres par contrat, les biens à elle échus par succession, legs ou donation, sous la condition expresse qu'ils soient réservés, enfin, les biens acquis pendant le mariage soit par la femme sans l'assentiment du mari, soit par le mari en remploi de biens réservés ou en vertu d'un droit compris dans ces biens. Tous les autres biens sont considérés comme apports (art. 1363.1365 à 1371).

Chacun des époux administre seul son patrimoine propre, contracte librement toute obligation exécutoire sur ce patrimoine, este en justice sans l'intervention de son conjoint, est pleinement capable en un mot, sous la seule restriction pour la femme de demander l'autorisation du mari lorsqu'il s'agit pour elle de fournir une prestation personnelle (louage de service, société.)

Quant aux apports, par le fait de la conclusion du

mariage, ils sont soumis à la jouissance et à l'administration du mari (art. 1363) qui doit toutefois
donner à la femme des renseignements sur l'état de
l'administration toutes les fois qu'elle le requiert
(act. 1374). En vertu de ces pouvoirs, le mari peut,
sans l'assentiment de la femme, disposer de l'argent
et des autres choses consumptibles comprises dans
les apports, compenser les créances de la femme
avec les créances sur la femme dont le paiement
peut être exigé sur les apports, remplir les obligations de la femme tendant à la prestation d'un
objet faisant partie des apports (1376). Il est tenu,
enfin, de pourvoir tant avec ses ressources personnelles qu'avec les revenus des apports aux charges
du ménage (1389).

Mais aux termes de l'art. 1375 « le droit d'administration du mari ne comprend pas la faculté
d'obliger la femme au moyen d'actes juridiques, ou
de disposer sans son assentiment des apports. » Les
biens apportés ne sont pas considérés ainsi que dans
notre communauté comme biens du mari; ils
restent ce qu'ils sont avant le mariage la propriété
de la femme, mais avec affectation spéciale des revenus aux charges du ménage.

De ce double caractère des apports, considérés
comme propriété de la femme et comme biens affectés aux besoins du menage, résulte pour la disposition
et l'obligation de ces biens un système particulier

au droit allemand, qu'il est intéressant de signaler.

Aucun des époux ne peut, en principe, contracter seul des obligations exécutoires sur les apports, ou disposer de ces biens : le mari, parce qu'il n'est pas propriétaire, mais seulement usufruitier, la femme, parce qu'elle a consenti au mari des droits dont elle ne peut pas venir elle-même le frustrer. Pour que ces actes soient pleinement valables, il faut l'intervention des deux conjoints, ou, au cas de refus de l'un d'eux, l'autorisation du tribunal des tutelles (art. 1375, 1380, 1395, 1399, 1400, 1410, 1412, 1413, 1414). Les dettes du mari lui restent donc propres, et ses créanciers ne peuvent se faire payer sur les apports (1410) ; de même les dettes de la femme contractées après le mariage sans l'assentiment du mari, ou provenant de ses biens réservés ne peuvent être exécutées que sur son patrimoine (1412-1414). Quant aux actes de disposition, s'ils ne sont pas consentis par le mari et la femme, ils sont nuls. Enfin, si la femme sans l'assentiment du mari este en justice, ou si le mari sans l'assentiment de la femme soutient un litige à l'occasion d'un droit dont il ne peut disposer seul, le jugement n'est pas exécutoire sur les apports (1380, 1400).

Deux exceptions seulement sont admises à ces règles, et toutes deux au profit de la femme ; la première, au cas où le mari absent ou malade est dans l'impossibilité de donner son consentement à un acte

nécessaire de disposition des apports consenti par la
femme ; la seconde, au cas où le mari a autorisé la
femme à exercer personnellement une profession lucrative. Dans le premier cas, la femme peut disposer
seule des apports, dans le second, elle peut seule faire
tous actes juridiques et soutenir tous procès que
l'exercice de sa profession entraîne.

Le droit d'administration et de jouissance du mari,
même restreint dans les limites que nous venons de
voir, peut, si le mari est prodigue, porter atteinte
aux droits et intérêts de la femme. Pour parer à ce
danger, le Code civil allemand inaugure un système
nouveau de protection. D'après l'article 1391, toutes
les fois que la femme peut craindre que ses apports
ne soient compromis par l'inconduite de son mari,
elle a l'option entre trois modes de garantie. Elle
peut exiger du mari des sûretés suffisantes pour
assurer l'utilité de ses recours futurs ; elle peut encore demander le dépôt des valeurs au porteur à une
banque d'où elles ne pourront être retirées que du
consentement des deux époux ; elle peut, enfin, faire
transformer ces valeurs en titres nominatifs imma-
triculés à son nom.

De quelque façon qu'elle agisse, si les revenus
restent toujours à la libre disposition du mari, le capital des apports du moins est sauf : et c'est le principal.

Si, pourtant, ces mesures ne suffisaient pas, la femme
serait admise à demander la séparation de biens ;

notamment au cas où le mari aurait violé son obliga-
gation de fournir, à la femme et aux enfants communs,
les aliments qu'il leur doit, et où l'on pourrait craindre que cet état de choses se perpétuât. Une fois la
séparation prononcée, la femme reprend la libre
administration de ses apports sous la seule condition
de remettre au mari, pour les besoins du ménage,
une part de ses revenus proportionnelle à ses facultés et à celles du mari. Enfin, si le mari abusant de
son droit n'employait pas cette contribution de la
femme à la fin à laquelle elle est destinée, la femme
pourrait conserver cette part de ses revenus et en
faire emploi elle-même dans l'intérêt du ménage.

Telle est la nouvelle théorie allemande.

En somme, le système du Code civil allemand est
une nouvelle et intéressante manifestation de ce
mouvement, qui, dans l'Europe du nord, tend à développer les droits pécuniaires de l'épouse et à lui
assurer une indépendance, sinon complète, au moins
très large. Sous une autre forme, par d'autres pro-
cédés, il réalise le même progrès qu'a réalisé en Angleterre la réforme de 1882.

Le système allemand a cependant sur le régime
anglais un avantage : par la théorie des apports, il
assure la contribution de la femme aux charges du
ménage tout en garantissant contre le mari l'inté-
grité de son patrimoine, et forme en même temps
pour la famille comme une réserve qui ne pourra

être aliénée que du consentement des deux époux.

Mais cette différence entre les deux droits est au fond plus théorique que pratique, et, en fait, puisque les salaires de la femme sont soustraits aux pouvoirs du mari, et qu'aucune incapacité ne vient enchaîner la liberté d'action de l'épouse, sous le Code civil, allemand, comme en Angleterre, dans les classes ouvrières où les époux d'ordinaire n'ont d'autres biens que leur salaire, la séparation de biens absolue va devenir le régime de droit commun.

Les mêmes critiques sont donc à faire aux deux systèmes, la même fin de non-recevoir peut leur être opposée. Quoiqu'on pense du système adopté par le Code allemand, il n'est pas dans nos mœurs, il est contraire à notre pratique, à nos usages, il ne saurait être admis comme régime de droit commun. Il faut donc s'en tenir à un régime de communauté. « La communauté est d'ailleurs le régime historique pour une très grande partie de la France, et son domaine s'est encore agrandi depuis la mise en vigueur du Code civil à l'abri du principe de la liberté des conventions matrimoniales (1) ».

*
* *

Mais quelle forme de communauté réaliserait le mieux les réformes que nous avons jugées nécessaires.

(1) BUFNOIR. — *Revue de législation comparée*, p. 170.

La forme de communauté la plus usitée en France à l'heure actuelle est certainement la communauté d'acquêts. Elle a sur la communauté du Code civil un avantage : elle n'est pas fondée sur la fausse distinction des meubles et des immeubles, et fait aux uns et aux autres la même situation. De plus, elle sauvegarde en une certaine mesure les droits de la femme, puisque nul acte de disposition sur ses immeubles et même d'après l'opinion dominante sur ses meubles ne peut être fait sans son consentement (1). Enfin, pour les époux qui se marient ayant une fortune personnelle mobilière la communauté d'acquêts permet de conserver ces biens dans la famille d'où ils proviennent, en cas de dissolution du mariage sans enfants communs.

Est-ce là le régime qu'il faut substituer à la communauté légale du Code civil ? Je ne le crois pas.

Et pour deux raisons.

D'abord la communauté d'acquêts suppose aux époux un patrimoine préexistant au mariage ou échéant par succession : protéger ce patrimoine c'est son principal objet. Or, le régime légal étant le régime des gens du peuple est avant tout le régime de ceux qui n'ont d'autre patrimoine que celui créé par leur travail ou leurs économies ; quand les époux ont quelque fortune ils ne manquent pas de régler

(1) Cf. Guillouárd. — *Contrat de mariage*, III p. 390.

leur association de biens par contrat de mariage. La communauté d'acquêts qui répond aux besoins des classes aisées de la société ne répondrait donc pas aux réels besoins des classes populaires. Il faut répéter ici ce que je disais plus haut de la séparation de biens : à quoi bon distinguer deux patrimoines, là où la réalité des faits n'en montre qu'un seul.

En outre, la communauté d'acquêts, toujours comme la séparation de biens, suppose sinon un contrat de mariage, du moins un inventaire des biens propres. Or, cette nécessité encore n'est pas en harmonie avec la nature du régime légal. Le régime légal, a t-on coutume de dire, est le contrat de mariage de ceux qui n'en font pas, il ne faut pas placer à sa base et comme première condition la nécessité d'un acte quelconque. Trop souvent il n'existerait pas.

D'ailleurs, l'adoption pure et simple de la communauté d'acquêts ne résoudrait pas toute la question. Sans doute, par ce moyen, la femme conservant propre son patrimoine tout entier n'aurait pas à craindre les dilapidations par le mari de son avoir mobilier, et ce serait déjà quelque chose, mais elle resterait sans droit sur les biens communs dont la gestion et la disposition demeureraient toujours entièrement entre les mains du mari : La communauté d'acquêts ne créerait pas cette union intime des époux, cette participation de la femme aux affaires communes que nous avons estimée être la première condition de la bonne administration de la famille.

Laissons donc la communauté d'acquêts à la disposition des époux qui en veulent faire la règle de leur union, mais ne cherchons pas à en faire le droit commun de France : c'est le régime des classes déjà riches, ce n'est pas le régime des classes populaires.

Dans son *avant-projet de révision du Code civil belge,* Laurent, reprenant le système présenté par Cambacerès à la Convention (1) a tenté de concilier la communauté et l'extension nécessaire des droits de la femme. Le régime qu'il propose est la communauté universelle avec administration commune des époux.

« La communauté, dit l'art. 1450 du projet, se compose :

1° de tous les meubles et immeubles possédés par les époux lors du mariage.

2° de ceux échus par donation ou succession, sauf volonté contraire du donateur ou du testateur.

3° des meubles et immeubles, acquis pendant le mariage.

4° des fruits des propres perçus pendant le mariage.

5° du bénéfice du travail des époux ».

La communauté universelle, en effet, est la seule logique. Pourquoi distinguer entre la fortune mobilière et la fortune immobilière? Le seul motif est « un motif

(1) Cf. FENET, I. p. 20.

historique, de motif rationel il n'y en a pas (1). »
D'ailleurs n'est-ce pas conforme à l'idéal du mariage.
« Modestin dit que le mariage est la communauté de
la vie entière, la communication du droit divin et du
droit humain. Tertulien dit la même chose dans un
langage chrétien : Les époux sont deux dans une
même chair et là où il y a une même chair, il y a aussi
un même esprit. Napoléon a formulé cette doctrine
dans un mot célèbre prononcé au Conseil d'Etat : le
mariage est l'union des âmes. L'union des âmes serait
imparfaite si elle n'était fortifiée par l'identification
des intérêts (2). »

Du reste, la communauté universelle ne serait pas
comme la séparation de biens une innovation radicale dans notre droit. Elle est, qu'on veuille bien y
songer, le régime de fait de tous ceux qui se marient
sans immeubles sous le régime légal. « L'innovation
est donc nulle ou à peu près pour les époux qui se
marient sans contrat. Pour ceux qui font un contrat,
le législateur n'a pas besoin d'établir un régime ; si
la communauté universelle ne leur convient point,
ils feront des conventions matrimoniales comme ils
le jugent à propos (3). »

La communauté, comprenant l'avoir entier des

---

(1) LAURENT. — *Avant-projet de révision du Code civil belge*, T. V,
p. 17.

(2) LAURENT. — T. V, p. 17.

( ) LAURENT, T. V. p. 20.

deux époux, et étant leur propriété commune sera administrée par les deux époux conjointement pour les actes d'administration définitive. « On ne comprendrait pas que la femme soit exclue de l'administration d'une société qui comprend tout son avoir ».

Ainsi le veut d'ailleurs l'esprit moderne. « La philosophie et à sa suite la révolution de 1789, écrit Laurent, ont proclamé un autre droit naturel, celui de l'égalité de la femme et de l'homme. Elle était écrite dans le Code de 1793. L'avant-projet l'a formulée pour la société des personnes en proposant d'abolir la puissance maritale. Notre titre applique le principe de l'égalité à la société de biens (1). Maintenir l'inégalité dans la société conjugale ce serait régir la société des époux qui se marient au XIXᵉ siècle par une loi qui est l'expression de l'état social du moyen âge (2).

L'innovation peut paraître radicale, en fait elle ne l'est pas. « L'égalité règne dans l'association conjugale pour la gestion des intérêts communs aussi bien que pour les relations personnelles. Or, le devoir du législateur est de mettre les lois en harmonie avec l'état social. Si l'égalité existe en fait, la loi doit le reconnaître en droit, sauf à l'organiser de manière à prévenir les inconvénients qui pourraient en résulter (3). »

(1) LAURENT, T. V. p. 44.
(2) LAURENT, T. V. p. 45.
(3) LAURENT, T. V. p. 44.

Quant aux actes d'administration journalière l'article 1453 les confie à la femme. C'est, en effet, « une dépendance du ménage ; il est donc logique de les attribuer à la femme (1). » Mais, à la différence de ce qui se passe sous le Code civil, ce n'est plus comme mandataire du mari, chef de la communauté, mais en son nom propre, comme associée, qu'elle agira désormais.

La nécessité d'agir en commun pour tous les actes d'administration pourra amener des difficultés entre les époux, l'un d'eux se refusant à donner son consentement pour les actes projetés par son conjoint. Dans ce cas « si la femme refuse de consentir à un acte d'administration, le mari citera la femme en conciliation. Si le juge de paix ne parvient pas à concilier les époux, la demande sera portée devant le tribunal d'arrondissement. Après que les parties auront été entendues en chambre du conseil le tribunal décidera, sur les conclusions du ministère public, si l'acte peut être fait, en prenant en considération l'intérêt du demandeur et de sa famille (2). »

Si l'intervention des deux époux est exigée pour tous les actes d'administration, on conçoit qu'elle doit être aussi requise pour tout acte de disposition des biens communs.

(1) LAURENT, t. V, p. 45.
(2) LAURENT, t. V, p. 46.

C'est ce que stipule l'art. 1454 : « Les actes de disposition des biens de la communauté, dit-il, à titre
onéreux ou à titre gratuit, ne peuvent être consentis
que par les époux conjointement. »

« Le mari, en effet, en aliénant un immeuble de la
communauté aliène ce qui ne lui appartient pas, la
part de sa femme dans l'immeuble commun (1). » Le
Code civil, il est vrai, a raisonné autrement. « Le
mari est le chef de la société des personnes, il y domine en maître ; or, la société des personnes a pour
conséquence la société de biens, le mari doit y
exercer la même puissance ; seigneur et maître de
la femme, son baron comme disent les coutumes
anglaises, il doit être le maître de tout ce qui lui
appartient (2). » Mais ce sont là idées d'un autre
temps, en contradiction formelle avec nos tendances modernes ; pour nous le mariage ne consiste pas
dans la puissance de l'homme sur la femme, mais
dans leur intime union. Comme le pouvoir absolu a
disparu de l'Etat, il doit disparaître de la famille.
« Le pouvoir absolu ne vaut pas mieux dans la famille que dans l'Etat (3). »

D'après la doctrine du Code civil toute dette du
mari est dette de la communauté, et les créanciers
personnels du mari ont toujours pouvoir de se faire

(1) LAURENT, t. V, p. 49.
(2) LAURENT, t. V, p. 50.
(3) LAURENT, t. V. p, 52.

payer sur les biens communs : le mari est seigneur et maître de la communauté. Dans le système nouveau fondé, non sur la puissance maritale, mais sur l'égalité des époux, il n'en saurait être ainsi.

« La communauté, dit l'art. 7456 du projet, ne peut être obligée que par les dettes contractées en commun par les deux époux. » Donc, désormais, il faudra, pour pouvoir être exécutoire contre la communauté, que la dette ait été contractée par les deux époux conjointement. C'est parfaitement logique d'ailleurs. « C'est l'application du principe qui oblige sa personne oblige le sien. Or, la communauté se compose de deux personnes, le mari et la femme ; le mari, en s'obligeant, oblige ses propres s'il en a, il n'oblige pas les biens de la communauté, car il n'en est pas le propriétaire, il est seulement co-propriétaire par indivis, de même que la femme et au même titre, comme associé : les biens communs appartiennent à la communauté, et la communauté ce sont les deux associés ; ceux-ci doivent donc concourir dans l'obligation pour obliger les biens (1). »

Par contre les dettes de la communauté ne sont dettes du mari que lorsqu'il a concouru au contrat (art. 1459).

Le projet n'admet qu'une exception au principe posé, en faveur de la femme, pour les dettes qu'elle

(1) LAURENT, t. V, p. 53.

contracte en vertu de son pouvoir propre d'administration.

Quand l'un des époux est absent, fou interdit, son conjoint pourra faire seul tous les actes d'administration nécessaires ; pour les actes de disposition il devra requérir l'autorisation de justice.

Enfin, « lorsque les désordres de son conjoint lèsent les intérêts de la communauté, au point que celle-ci ne puisse plus atteindre son but », *chacun* des époux peut demander la séparation de biens : c'est le droit commun en matière de société au cas où l'un des associés ne remplit pas ses obligations. Dans ce cas, la communauté étant dissoute, le mari n'a plus aucun droit sur les biens de sa femme, et chacun des époux reprend, quant aux biens, son entière liberté, sous la seule condition de contribuer aux frais et aux dépenses d'éducation des enfants.

Tel est le régime légal. Mais il se peut que les époux se constituent des biens en propres, ou que des biens leur soient donnés ou légués sous la condition expresse de ne pas tomber en communauté. Dans ces deux cas, « les époux conservent l'administration de leurs biens propres à la charge de verser dans la communauté les fruits qu'ils perçoivent » (art. 1741). Ils peuvent en disposer à titre gratuit ou à titre onéreux « mais le conjoint doit concourir à ces actes ainsi qu'à tout autre qui peut compromettre la jouissance de la communauté » (art. 1743). En cas

de dissentiment, la justice autorisera l'acte. Enfin
(1472) « l'époux est responsable envers son conjoint
si, par sa mauvaise gestion, il compromet le droit
d'usufruit de la communauté. »

En somme, la doctrine de Laurent peut se résumer
ainsi. Aux temps antiques, et en particulier chez les
Germains, le mariage était fondé sur un lien de puissance, du pouvoir de l'homme sur la personne de la
femme découlait son pouvoir sur ses biens. Une telle
compréhension de l'union matrimoniale était manifestement contraire à la nature des choses : l'homme,
la femme sont deux êtres égaux, et le mariage est la
mise en commun de leurs vies et de leurs biens. Aujourd'hui les mœurs se sont modifiées : le mariage
est redevenu ce qu'il devait être, il est fondé sur
l'égalité, non sur la force et l'autorité. Mais les lois
ont conservé l'empreinte de l'ancienne doctrine, la
femme y est toujours une subordonnée et une mineure. Il faut mettre les lois en harmonie avec les
mœurs, et faire régner l'égalité dans nos Codes,
comme elle règne en pratique dans les ménages. Il
faut, notamment, se défaire de cette idée illogique et
surannée que la communauté est la chose du mari,
et en faire ce qu'elle est véritablement, le patrimoine
commun dont les époux sont co-propriétaires.

Je ne discuterai pas la doctrine philosophique de
Laurent, j'ai dit déjà, et à plusieurs reprises, mon
opinion sur ce point ; c'est au point de vue de la

pratique que je voudrais apprécier son système.

A ce point de vue, il est certain que ce serait un progrès quant au rôle de la femme de considérer la communauté comme une indivision entre elle et son mari, une telle conception entraînant nécessairement son intervention à tous les actes de disposition et d'obligation des biens communs, et réalisant entre les époux cette communauté d'action qui est l'idéal du mariage. « Non est socia sed speratur fore » disait Dumoulin de la femme commune : désormais l'adage cesserait d'être exact, la femme serait associée non en espérance, mais en acte.

Malheureusement, le système d'administration commune préconisé par Laurent semble impraticable; cette nécessité du concours des deux époux à tous les actes qui ne rentrent pas dans la sphère étroite de l'administration domestique, cette obligation de recourir à la justice pour trancher les difficultés les plus minimes entre les époux seraient certes un embarras pour la bonne gestion des affaires communes et de nature à envenimer les querelles plutôt qu'à les apaiser. Sans doute, comme le remarque Laurent, en pratique, l'administration de la communauté a lieu d'accord entre les deux époux, la femme est presque toujours consultée et la loi ne ferait que sanctionner la coutume ; sans doute il est bon et juste que le mari prenne conseil de la femme pour l'administration de biens qui sont en partie les siens, mais il est nécessaire aussi qu'au cas de dissentiment une solution prompte puisse être apportée, et la tradition universelle des peuples, ses aptitudes spéciales, son éducation, tout désigne l'homme pour mettre fin au débat de sa volonté souveraine.

Le système de Laurent est une construction toute théorique. Il faut le considérer comme l'ingénieuse et irréalisable traduction d'une idée juste en elle-même, comme une spéculation de philosophe : telle cette république idéale où Platon s'essayait à donner une forme à son rêve.

Plus pratique, plus exactement modelé sur des réalités, et par conséquent plus conforme à nos besoins modernes, est le régime légal introduit en Norvège par la loi du 29 juin 1888. Tout en maintenant la communauté, régime traditionnel en Norvège, il tient compte largement du mouvement contemporain en faveur des droits de la femme, et réalise une organisation matrimoniale nouvelle qui ne rentre exactement dans aucune des classifications adoptées jusqu'ici.

La communauté est, en principe et sauf convention contraire, universelle : elle comprend tous les biens meubles et immeubles des époux.

Le mari en est l'administrateur (art. 14), mais ses pouvoirs sur les biens communs sont biens moins étendus qu'en notre droit français. Il est considéré comme le chef du ménage, ayant comme tel, sous sa responsabilité, droit à une liberté d'action plus grande que celle d'un administrateur ordinaire ; mais la loi ne voit pas en lui le seigneur et maître des biens communs et pose des bornes à ses pouvoirs de disposition et d'obligation. Elle exige même, pour certains actes, que le consentement de la femme vienne se joindre à celui du mari, se souvenant que l'unité dans le mariage ne doit pas être faite de l'annihilation juridique d'un des époux par l'autre, et que si Dieu a donné à l'homme une compagne c'est pour être son conseil et son associée.

La première restriction aux pouvoirs du mari concerne les actes de disposition à titre gratuit. Le mari ne peut, sans le consentement de la femme, aliéner plus du dixième des biens communs à titre gratuit. On a pensé, et avec raison, que donner était le droit du propriétaire et non de l'administrateur, et que le pouvoir absolu de disposer à titre gratuit des biens communs ne pouvait en rien être utile à l'administration du patrimoine commun.

Les autres restrictions aux pouvoirs du chef de la communauté supposent une distinction des biens que pose l'article 14 de la loi entre les biens situés à la ville et les biens situés à la campagne, ceux-ci étant en Norwège considérés comme les plus précieux.

Sur les biens situés à la ville, le mari a les droits ordinaires du chef de la communauté : il peut, sous sa propre responsabilité, en disposer, ou les obliger seul.

Quant aux biens situés à la campagne « le mari ne peut sans le consentement de la femme donner, aliéner, engager ces biens, » lorsqu'ils ont été apportés par elle en communauté Le législateur a pensé que la communauté ne devait pas aboutir au dépouillement de la femme, et qu'il était juste et nécessaire qu'elle pût, en concourant aux actes juridiques sur les biens les plus précieux par elle apporter en dot, contrôler l'usage fait de ces biens et s'assurer qu'ils étaient réellement employés au mieux des intérêts de la famille. Il a voulu, en un mot, qu'elle soit pendant le mariage véritablement une associée.

Et cette préoccupation se retrouve dans toutes les limitations apportées aux pouvoirs du mari.

C'est ainsi que d'après le même article 14, le consentement de la femme est encore nécessaire « pour toutes les conventions par lesquelles le mari stipule, aux dépens de la communauté, des aliments pour lui ou pour sa femme, ou par lesquels il renonce à des aliments stipulés au profit de sa femme. »

C'est ainsi encore que, rejetant la théorie du mandat tacite et sanctionnant la pratique universelle, l'article 17 décide que « les obligations contractées par la femme pour le profit ou les besoins de la communauté sont exécutoires sur les biens communs. »

Dans tout ceci, on a voulu affirmer l'intention d'affranchir la femme mariée de tout ce qui était excessif dans la tutelle du mari, et faire de la société conjugale une véritable association.

Quant aux biens propres des époux, le législateur a considéré que l'intention des époux en se les réservant, la volonté des donateurs ou testateurs en les constituant comme bien personnels, exigeaient qu'ils soient laissés à l'administration de l'époux propriétaire. « Chacun des époux administre ses propres » décide l'article 19. Et comme la femme mariée aux termes de l'art. 11, a en principe « la même capacité que la femme non mariée », on voit quelle liberté, nouvelle dans les pays de communauté, consacre la loi norvégienne.

Mais un danger était à redouter. Il pouvait se faire, les tiers créanciers du mari ayant saisi des biens meubles qu'ils croyaient appartenir à celui-ci, que la femme vienne revendiquer ces biens et les enlever à ceux qui, de bonne foi, les avaient considérés comme leur gage. On pouvait craindre, même, que la femme et le mari ne s'entendent pour attribuer la qualité de propres à des meubles communs. La loi a paré à ce danger.

« Les meubles de la femme, dit l'article 21, doivent toujours demeurer hors de la possession du mari pour pouvoir conserver cette qualité au regard des créanciers du mari ou des personnes à qui il les aura cédés, engagés ou loués et dont la mauvaise foi ne pourrait être prouvée. » Exception est faite toutefois pour certaines catégories de biens pour lesquelles l'erreur n'était pas possible ; les titres de créance, polices, ou titres d'actions au nom de la femme ; les linges, hardes et bijoux appartenant à la femme ; les objets à elle appartenant habituellement tenus par elle sous clef ; les meubles et autres objets d'usage dont il a été dressé en présence de témoins un inventaire signé des deux époux, le mobilier et le matériel d'exploitation des meubles propres de la femme.

Hors ces biens, tous les biens mobiliers de la femme doivent, pour échapper aux créanciers du mari, rester en dehors de la possession du mari. Ainsi se trouvent conciliés les droits des tiers et l'extension de la capacité de la femme mariée.

Enfin, aux termes de l'article 32, « la femme a le droit, même lorsqu'il y a communauté, et que par suite les produits de son industrie personnelle sont biens communs, de disposer exclusivement de ce qu'elle gagne par cette industrie, ainsi que de toutes acquisitions qui sont prouvées provenir de ses gains. Ces biens sont soustraits, du vivant de la femme, à l'exécution des dettes contractées par le mari sans son consentement exprès. Ces dispositions sont sans application aux produits des industries qui exigent un capital considérable, quand le capital a été pour le tout, ou en majeure partie, constitué pour le compte du mari. »

Tel est le régime légal actuel en Norvège. C'est de tous les régimes de communauté le plus libéral pour la femme, et le plus en harmonie avec les conditions économiques et sociales des sociétés modernes. Trois idées surtout sont à en retenir : d'abord la disparition de l'antique distinction des meubles et des immeubles, aujourd'hui contraire à la vérité économique ; ensuite le droit de la femme d'intervenir comme associée dans les affaires de la communauté, de l'obliger même par ses actes personnels et sans aucune autorisation du mari ; enfin, le droit reconnu à la femme d'administrer elle-même, à l'égal du mari, son patrimoine propre. C'est dans ces trois idées que se résume la loi norvégienne ; elles en constituent toute l'heureuse originalité, et posent nettement les conditions de la réforme dans les pays de communauté.

Malheureusement, après avoir posé ces principes, il semble que le législateur norvégien ait hésité à les pousser jusqu'en leurs dernières conséquences. En tous cas, la réforme réalisée en Norvège, quoique constituant un réel progrès dans l'organisation du régime de communauté, ne me parait pas absolument complète ; elle fait trop de concessions encore aux droits traditionels du mari sur les biens communs. Pourquoi, notamment, laisser au mari le droit de

disposer seul du dixième des biens communs ? Le
mari n'est pas propriétaire de ces biens, et comme
administrateur un tel pouvoir ne saurait lui appartenir. Pourquoi limiter aux seuls biens situés à la
campagne et apportés en dot par la femme le droit
de celle-ci d'intervenir dans les actes juridiques sur
les biens communs ? Il semble, étant donné que les
deux époux sont co-propriétaires de la communauté,
que cette intervention soit trop étroitement limitée.
L'intérêt du concours de la femme aux aliénations
des biens communs existe également pour tous ces
biens de quelque nature qu'ils soient. D'ailleurs, si
elle se justifie en Norvège par des considérations
spéciales de mœurs et de lieux, la distinction entre
les biens situés à la campagne et les biens situés à
la ville ne se comprend pas très bien dans les conditions économiques actuelles, en France, du moins. Un
terrain à Paris a une valeur plus grande qu'un même
terrain en Sologne.

Quel que soit le mérite de la réforme norvégienne,
elle ne semble donc pas pouvoir être proposée comme
la solution nécessaire du problème que nous cherchons à résoudre. Elle indique au moins la voie
dans laquelle doit-être cherchée cette solution. Elle
montre une fois de plus l'évolution qui se produit à
l'heure actuelle dans la conception des rapports
entre époux, et dans la théorie des droits de la femme.
Elle est de nouveau la preuve que les conditions éco-

miques et sociales des sociétés modernes nécessitent
une modification des régimes matrimoniaux, et une
large extension de la capacité de la femme mariée.
Si la solution à laquelle elle s'arrête est encore incomplète, et la modification trop timide, du moins, la réforme introduite par la loi du 29 juin 1888 est un
acheminement vers une législation à la fois plus
équitable, et plus protectrice des droits de l'épouse,
vers une compréhension plus exacte de la véritable
nature du mariage.

*
* *

Aucun des systèmes, que nous venons successivement d'examiner, ne pourrait être implanté tel quel
en France, le système Laurent à cause de ses complications, les autres parce que, au moins dans certaines de leurs dispositions, ils se trouveraient trop
manifestement en contradiction avec nos idées et nos
mœurs. C'est suivant sa tradition, suivant sa loi
propre qu'un peuple doit se développer et faire son
évolution.

De ces systèmes divers adoptés en ces derniers temps
par les pays étrangers, un fait, cependant, se dégage : c'est le progrès considérable accompli par
l'idée de l'extension de la capacité de la femme, la
tendance générale à faire à l'épouse une place très
large dans la gestion du patrimoine familial. Si ces
lois ont pu être adoptées, si elles ont rencontré dans

la presse et dans le public un accueil favorable,
c'est qu'il y a actuellement en Europe un mouvement
réel en faveur des théories qu'elle réalise ; si ce mouvement s'est manifesté dans des pays aussi différents de formation sociale que l'Angleterre, l'Allemagne, la Suède, c'est qu'il correspond à de réels
besoins, à une conception nouvelle du droit ; c'est
qu'il n'est pas le fruit seulement d'une agitation
frondeuse, mais de ce lent progrès qui se poursuit
inconsciemment dans les foules et devant lequel tôt
ou tard doivent céder vieilles formules et vieilles lois.

La France est restée jusqu'ici — législativement
au moins — presque complètement en dehors de ce
mouvement, il est temps pour elle de réaliser un
progrès qui s'impose.

Il serait téméraire de ma part, je le sens, de vouloir ici établir toute l'organisation d'un nouveau régime légal : aussi bien serait-ce sortir des limites
que je me suis assignées. Je voudrais seulement
montrer, comme conclusion à cette étude, de quelle
manière et jusqu'à quel point pourrait être faite la
réforme du droit de la femme dans notre Code civil,
quelle place désormais devrait être donnée à l'épouse
dans la gestion de la fortune de la famille pour
mettre nos lois en harmonie avec les besoins du
temps présent et la réalité des faits.

Au point de vue de la forme même du régime légal,
il semble que la communauté universelle pourrait

être utilement substituée à notre communauté de meubles et d'acquêts.

C'est d'abord le régime de fait actuellement pour tous ceux qui ne font pas de contrat de mariage et qui ne possèdent pas d'immeubles, c'est le régime des classes ouvrières. C'est celui, d'ailleurs, qui répond le mieux à la réalité des faits dans la plupart des familles, où tous les biens sont confondus en une seule masse indivise, où, même juridiquement, faute d'inventaire, il est impossible de distinguer des patrimoines séparés.

Ce serait, en outre, le seul moyen — puisque nous avons écarté la séparation de biens et la communauté d'acquêts — de faire disparaître la distinction des meubles et des immeubles, qui ne répond plus aujourd'hui ni à la vérité économique, ni à notre organisation sociale. Pour ceux, du reste, qui par raison d'influence politique ou de souvenir de famille, tiendraient à ne pas voir passer leurs biens fonds dans des familles étrangères, le contrat de mariage offrirait le moyen de faire revivre l'ancienne distinction. Ce sont des cas exceptionnels dont le régime légal ne peut pas s'occuper.

L'adoption de la communauté universelle permettrait en outre dans certains cas, sans clause de réalisation ou d'ameublissement, d'égaliser les apports des époux. Aujourd'hui, l'époux qui se marie ayant une fortune toute mobilière la voit tomber dans la

communauté, tandis que son conjoint, dont la fortune est immobilière la conserve propre. Avec la communauté universelle, cette choquante anomalie disparaîtrait. Elle aurait aussi l'avantage d'éviter les
complications de liquidation qui naissent de notre
communauté légale, puisque tous les biens ne for-
meraient en principe qu'une seule masse.

Enfin, la communauté universelle resterait entièrement conforme à notre conception française du
mariage qui voit dans l'union matrimoniale non
seulement l'union des personnes, mais l'union des
biens et qui ne comprend guère l'une sans l'autre.

De cette communauté, l'administration resterait au
mari comme sous le régime actuel. Du moment qu'il
existe un patrimoine familial, on ne concevrait pas
qu'il pût être confié à l'administration d'un autre
que le mari, chef traditionnel de la famille ; et quant
à exiger le concours de la femme à tous les actes
d'administration, comme le demandait Laurent, ce
serait préparer à la famille plus d'embarras que de
sécurité. Pour les actes d'administration journalière,
toutefois, c'est-à-dire pour ceux dont le but est de
satisfaire aux besoins domestiques de la famille et
que la femme fait aujourd'hui en vertu d'un mandat
tacite du mari, ils continueraient à être faits par la
femme seule, mais en sa qualité d'associée. En cas
d'abus par la femme de ses pouvoirs d'administration, le mari, cependant, gardien de l'intérêt familial,

pourrait la faire déclarer, par le tribunal, déchue de son droit d'administrer. L'innovation, on le voit, ne serait pas considérable en pratique ; elle serait très importante au contraire en théorie et contribuerait à rendre à la femme la place qui lui est dûe au foyer.

Mais si les nécessités de la pratique exigent qu'on confie à un seul l'administration du patrimoine commun, il n'en saurait être de même des actes de disposition et d'obligation des biens de la communauté. Tout acte de disposition à titre gratuit ou onéreux, toute obligation contractée en dehors des limites de l'administration, toute constitution d'hypothèque sur les biens communs devraient être consentis par les deux époux. En cas de dissentiment, la justice interviendrait pour départager les conjoints. Tel est le point capital de la réforme.

L'innovation est facile à justifier et je l'ai justifiée d'ailleurs par avance.

Je me résume simplement ici.

En droit, c'est une erreur de considérer la communauté comme bien du mari et de lui en laisser la libre disposition : la communauté n'est autre chose que la propriété commune des deux époux. Ni le mari, ni la femme n'en est plein propriétaire, mais chacun d'eux a sur les biens communs un droit égal, un droit de co-propriété. Or, le propriétaire seul peut disposer de son bien. L'un des époux, fût-ce le mari, ne saurait donc logiquement aliéner la pleine propriété d'un quelconque de ces biens, mais seulement sa quote-part : *nemo in alienum plus juris transferre potest quam ipse habet* ; le consentement réuni des deux conjoints est seul capable de produire cet effet. Il n'y a donc rien que de légitime à l'exiger.

De même, c'est un principe de droit que le débiteur seul oblige ses biens. « Qui s'oblige, oblige le sien », dit-on. Comment le mari seul pourrait-il obliger les biens communs dont il n'est pas seul propriétaire ? Là, encore, il est logique d'exiger le concours des deux époux co-propriétaires de la communauté.

Cela, il est vrai, est contraire à la maxime traditionnelle que le mari est seigneur de la communauté. Mais ce principe, que peuvent seuls expliquer les précédents historiques, « est exorbitant et faux ; un associé ne saurait être maître et seigneur de la société puisqu'il n'est que co-propriétaire ; et il est contradictoire dans les termes de dire qu'un co-propriétaire est propriétaire ».

En fait, la réforme se justifie non moins aisément.

Tout le monde vante aujourd'hui l'avantage qui peut résulter pour la famille de la participation de la femme au gouvernement du ménage, grâce à l'hypothèque légale. Ceux mêmes qui se montrent le plus absolument partisans du système du Code civil, s'attachent à montrer les heureux résultats de ce concours. « Cette participation assidue de la femme au gouvernement du ménage, a écrit Gide,

que l'on a coutume de représenter comme un abus
et comme un danger, j'ose la réclamer, au contraire,
au nom de la justice et au nom de l'intérêt de la famille. Elle est juste, car elle est la réalisation la plus
complète dans la sphère des intérêts civils de cette
union intime et sans réserve, de ce *consortium omnis
vitæ*, qui, au dire de l'antiquité païenne elle-même, fait
l'essence du mariage. Elle est utile autant que juste,
et l'intérêt des enfants sera, quoiqu'on en dise, plus
sûrement garanti lorsque dans toutes les décisions
qui pourraient compromettre leur fortune à venir,
le père devra faire appel aux conseils moins éclairés peut-être, mais peut-être aussi plus dévoués de
l'affection maternelle (1) ». Et chacun répète ces
louanges de Gide. Or, la réforme n'aurait d'autre but
que de généraliser cette pratique, de l'étendre à tous
les biens, et de la régulariser en la rendant obligatoire : elle ne saurait avoir d'autres résultats que ceux
tant de fois vantés.

On objecte, il est vrai, que si une telle intervention est bonne lorsqu'il s'agit de l'aliénation d'immeubles, elle devient dangereuse lorsqu'il s'agit de
l'aliénation des meubles, surtout des valeurs mobilières. L'aliénation des valeurs mobilières est un
acte d'administration, dit-on ; elle a besoin souvent
d'être faite rapidement, il faut craindre le mauvais

---

(1) GIDE. — *Op. cit.* p. 545.

vouloir de la femme dont le refus pourrait être fu-
neste à la famille.

Remarquons, d'abord, que ceux-là qui semblent
tant redouter la mauvaise volonté de la femme sont
les mêmes qui trouvent tout simple l'intervention
nécessaire du mari aux actes d'aliénation des biens
même mobiliers de la femme. Est-ce que cependant
là aussi une rapide aliénation ne peut pas devenir
nécessaire à laquelle le mari se refuse sans raison ?

Pour moi, d'ailleurs, je ne crois pas qu'il y ait un
véritable danger à exiger le concours de la femme à
l'aliénation des valeurs mobilières communes. La
femme est co-propriétaire de ces biens. En refusant
son consentement, en forçant son mari à recourir à
la justice, la femme ne nuirait pas seulement à celui-
ci, mais aussi à ses enfants et à elle-même. Il y a là
une considération de nature à la retenir si parfois
elle était tentée par caprice de s'opposer à l'aliénation : à défaut d'autre sentiment, l'intérêt la maintiendrait dans son devoir. Du reste, le danger serait plus
grand dans bien des cas à laisser au mari la libre
disposition des biens communs, et si parfois le concours nécessaire de la femme peut causer à la famille
quelque détriment, les avantages ordinaires de cette
intervention le compensent largement.

L'objection la plus grave, je le sens, viendrait certainement de l'intervention de justice pour départager les époux. Sous prétexte de respecter la person-

nalité de la femme et de sanctionner ses droits,
n'est-ce pas encourager les envahissements de l'Etat
dans le domaine domestique ? N'est-ce pas introduire
la discorde au foyer, ruiner l'union des époux ?

L'objection n'est pas sans réponse, il s'agit d'établir
une distinction.

Il y a dans toute famille deux catégories d'intérêts:
des intérêts d'ordre moral et des intérêts pécuniaires, comme il y a dans l'homme deux vies, celle de
l'esprit et celle du corps. La loi elle-même reconnaît
cette distinction qui naît de la nature des choses et
établit pour ces deux ordres des règles différentes.
C'est ainsi qu'en matière d'interdiction, bien que l'article 502 déclare nuls de droit tous actes passés par
l'interdit, la doctrine et la jurisprudence déclarent
qu'il ne faut entendre par là que les actes pécuniaires
et non ceux « attachés à la personne », ceux ayant
avant tout un intérêt moral. C'est ainsi encore qu'au
cas d'interdiction du mari, la femme prend la direction morale de la famille étant seule désormais à exercer les droits et les devoirs de la puissance paternelle,
mais peut se voir enlever la direction matérielle de
la famille confiée au tuteur du mari. C'est ainsi, enfin,
que si l'article 1166 reconnaît aux créanciers la faculté d'exercer tous les droits et actions de leur débiteur, il en excepte ceux qui sont « exclusivement
attachés à la personne » c'est-à-dire, encore, ceux
qui ont un intérêt d'ordre purement moral.

Cette distinction posée, on comprend très bien que les tribunaux n'aient pas à intervenir dans la direction morale de la famille, et que dans cette sphère d'intérêts le chef de famille, mari et père, soit maître absolu. Concevrait-on, par exemple, un tribunal venant départager des époux, l'un catholique fervent, l'autre protestant convaincu sur le point de savoir quelle religion donner à l'enfant commun? Sur quelles bases fonderait-il son jugement, comment pourrait-il apprécier le véritable intérêt de l'enfant? Il y a là, en fait, une impossibilité absolue. En droit, ce serait l'Etat sortant du domaine qui lui est propre et s'érigeant en juge des consciences.

Mais à côté de ces intérêts moraux, il y a dans la famille des intérêts purement matériels et pécuniaires. On ne voit pas, *à priori*, pourquoi l'Etat ne pourrait pas intervenir lorsque sur ces questions il y a division grave entre les époux, le débat en soi et sauf le lien étroit qui unit les parties n'étant pas différent de ceux que la justice tranche chaque jour. On objecte précisément ce caractère domestique et intime du débat : c'est violer, dit-on, le sanctuaire du foyer. Mais on oublie que cette violation — si violation il y a — est traditionnelle dans notre droit au cas de refus d'autorisation maritale. En étendant l'intervention de la justice, au cas de refus de la femme de consentir à un acte du mari, la loi ne ferait que fonder l'équité en établissant l'équilibre des droits.

Au fond, la seule chose à considérer ici c'est l'intérêt de la famille, et cet intérêt plus que toute autre
raison, milite en faveur de la réforme proposée. Il n'y
a donc pas à s'arrêter à l'objection qu'on nous
oppose.

On prétend que l'intervention de la justice serait
une source de discorde. Je ne le crois pas. Pour que
la femme refuse son concours à un acte que le mari
croira devoir faire, et se décide à soutenir un procès,
il faudra qu'elle soit bien énergiquement convaincue
du danger que l'acte du mari ferait courir au patrimoine commun. Le refus absolu ne sera entre ses
mains qu'une suprême ressource pour les cas déses-
pérés. Dans la plupart des cas, confiante, elle se lais-
sera guidée par les conseils de son mari. L'intervention de la justice sera donc exceptionnelle. Il faut
craindre, dit-on, les caprices, les entêtements?
« Pour que la femme refuse son concours par esprit
d'opposition ou par caprice, il faut que l'union des
âmes soit rompue »; ce n'est pas la nécessité de l'intervention de la justice qui créera la discorde : elle
existait avant.

Je ne crois donc pas qu'en fait il y ait beaucoup à
redouter de l'innovation proposée : elle serait même,
au fond, plus apparente que réelle. Dans les familles
unies, tous les actes graves se font d'un commun
accord entre les époux ; le concours de la femme est
presque toujours demandé par le mari ; de plus en

plus, l'intervention de la femme devient la règle. La réforme ne serait que le développement et la consécration de cette coutume.

Bien qu'en principe tous les biens des époux tombent en communauté, il peut se faire que soit par contrat, soit par dons ou legs, l'un d'eux ou tous les deux soient en possession d'un patrimoine propre. L'époux propriétaire, quel qu'il soit, devrait en conserver la libre administration et disposition. C'est non seulement une question d'égalité entre l'homme et la femme, mais une nécessité de pratique. En se réservant des biens propres, l'époux a manifesté son intention de conserver même dans le mariage une certaine liberté nécessaire, peut-être à la profession qu'il exerce ; est-ce être suffisamment respectueux de la volonté des parties que de venir entraver d'une façon quelconque cette indépendance ! Il faudrait, pour justifier cette limitation, un intérêt bien évident de la famille. Or, l'intérêt de la famille, n'apparaît pas ici avec cette évidence. Il faut craindre, sous prétexte de maintenir l'unité d'administration, de ruiner l'activité féconde des époux et par la nécessité d'une action commune d'empêcher d'heureuses spéculations. Jusqu'ici, on a cru ne devoir laisser cette liberté qu'au mari, qui peut-être, en fait, en avait seul véritablement besoin ; aujourd'hui, que de plus en plus la femme entre dans la vie économique, il est nécessaire de lui donner sur son patrimoine propre la même liberté qu'à l'homme. D'ailleurs, n'y a-t-il pas quelque chose d'humiliant pour la femme à ne pouvoir jamais agir sans en avoir demandé l'autorisation à son mari, à ne pouvoir jamais disposer d'une somme si modique soit-elle, fût-ce pour une aumône sans avoir, en droit, demandé un consentement qui peut toujours lui être refusé. Cette indépendance restreinte aux biens propres ne saurait, au surplus, causer un grave préjudice à la famille, qui, sous le régime légal, du moins trouverait toujours dans la communauté une réserve d'autant mieux assurée qu'elle est sous la garde des deux époux.

Le mari, nous l'avons dit, devrait conserver l'administration de la communauté. De là, bien qu'elle soit appelée à concourir aux actes de disposition et d'obligation, un danger subsiste pour la femme. La séparation de biens devrait donc être maintenue. Mais tandis qu'aujourd'hui la femme séparée est, en droit, obligée de verser sa part contributoire aux charges du ménage entre les mains du mari, le tribunal devrait être autorisé, suivant en cela une jurisprudence très équitable, à permettre à la femme soit par le jugement de séparation de biens, soit par un jugement postérieur de faire emploi elle-même de ses deniers dans l'intérêt de la famille, lorsqu'on pourrait craindre que le mari les détournât de leur destination. Une telle innovation, que déjà je le ré-

pète, une jurisprudence cherche à faire pénétrer dans
la pratique, si elle porte quelque atteinte aux droits
du mari, serait de nature à sauvegarder l'intérêt de
la famille. Elle ne me paraît pas discutable : quand
le mari oublie ses devoirs, il perd ses droits.

Enfin, comme conséquence et comme complément
des réformes que je viens de signaler, il semble qu'il
serait logique de supprimer de l'article 1388 la défense
de porter atteinte « aux droits du mari comme
chef » de la communauté. Nul, mieux que les époux,
n'est à même de savoir dans quelles limites ces prérogatives et ces droits doivent être enfermés.

Telles sont, brièvement exposées, les modifications
qu'il semble nécessaire d'introduire dans notre régime légal. Elles auraient pour effet de donner à la
communauté son véritable caractère de bien commun, de co-propriété des époux, et de mettre ainsi
les intérêts de la famille à l'abri des dilapidations du
mari. En laissant à la femme l'administration de ses
biens propres, elles lui accorderaient dans une juste
mesure l'indépendance pécuniaire que les conditions
économiques rendent aujourd'hui nécessaire. En
exigeant le concours de l'épouse à tous les actes importants de la gestion du patrimoine commun, elles
réaliseraient cette union intime, cette action commune qui est l'idéal du mariage, et rendraient à la
femme au foyer sa place véritable en augmentant sa
dignité. Tout en respectant enfin la personnalité des

époux et leurs aptitudes propres, la réforme maintiendrait dans la famille l'unité nécessaire et protégerait efficacement dans l'intérêt de tous le patrimoine commun.

« Souvent, écrit Gide, la prudence plus timide de la femme saura retenir le mari sur la pente glissante de la spéculation et de l'entreprise ; souvent la prodigalité d'un père de famille rencontrera dans la résistance d'une mère un frein à la fois plus souple et plus puissant que ces entraves légales qui, sous le régime dotal, sont trop souvent un jouet pour la fraude et un piège pour la bonne foi. Que l'on ne m'accuse pas d'oublier en parlant ainsi que les aptitudes de l'homme ne sont point celles de la femme et que la Providence dans la répartition de ses dons a assigné aux deux sexes des lots sinon très inégaux, du moins très divers. C'est précisément à cause de cette diversité que l'homme peut et doit trouver chez la femme ce qui lui manque à lui-même, et que les intérêts domestiques seront mieux garantis si au lieu d'être l'affaire exclusive du chef du ménage ils sont l'affaire commune des deux époux (1). »

C'est ce contrôle mutuel des époux, cette combinaison de l'activité de l'homme avec la prudence de la femme, que dans l'intérêt de la famille j'ai tenté de réaliser. Le mariage est l'association de deux

(1) GIDE. — *Op. cit.* p. 546.

être égaux par leur nature, bien que différents par leurs aptitudes et leurs fonctions, ayant des rôles divers quoiqu'une égale dignité : c'est cette conception de la famille que j'ai cherché à traduire ici par l'organisation des rapports juridiques entre époux dans la société conjugale.

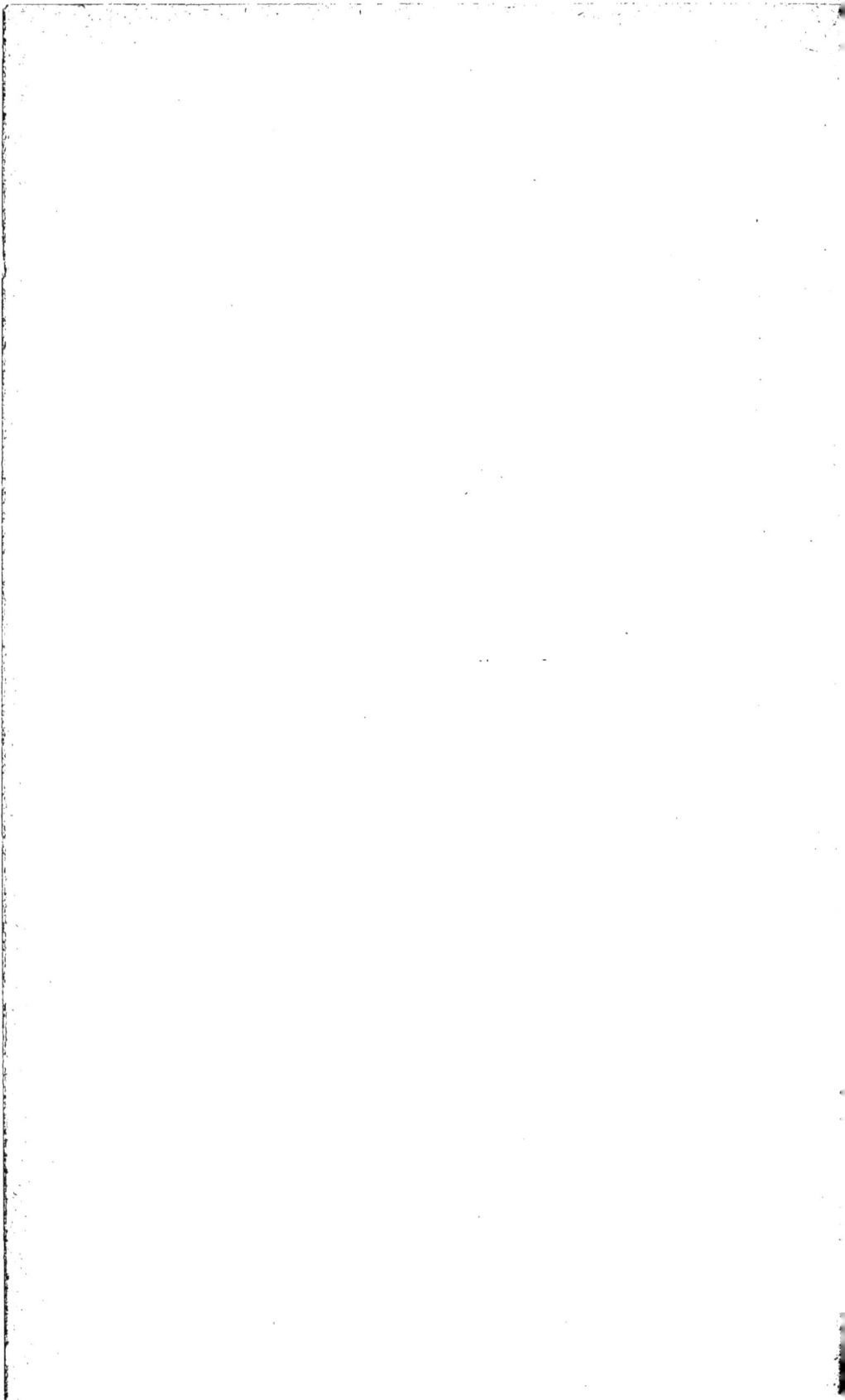

CONCLUSION

La conception du droit de la femme dans l'humanité a évolué à travers le cours des siècles. Elle a subi l'influence des conditions économiques au milieu desquelles vivaient et se développaient les peuples, elle s'est modelée sur leurs croyances religieuses et leurs mœurs sociales. La femme a vu ses droits plus ou moins niés, sa personnalité morale plus ou moins méconnue ; elle a été tantôt traitée comme un objet de luxe et de plaisir qu'on vend et qu'on achète, tantôt respectée comme celle par qui se perpétue la race ; dans ses relations avec l'homme elle a été tantôt une esclave et tantôt une compagne. Un progrès continu cependant, nous l'avons constaté, n'a cessé de se produire dans les mœurs des peuples, A mesure que les temps se sont écoulés, que le droit s'est précisé dans la conscience de l'humanité, la personnalité de la femme s'est dégagée ; l'idée a pris naissance, s'affirmant d'âge en âge, grandie et vivifiée par le Christianisme, de la femme égale à l'homme par son origine et par sa destinée, ayant comme lui sa vie propre, être moral et personnel, capable de devoirs et de droits.

Le mariage aussi s'est modifié, évoluant sans cesse vers une forme plus élevée, vers une compréhension plus exacte et plus noble à la fois des rapports de l'homme et de la femme. A la polygamie des temps primitifs et des civilisations inférieures, la monogamie s'est substituée ; à l'idée de possession de la femme par l'homme a succédé peu à peu l'idée d'association ; et la suprématie du mari a été sans cesse s'affaiblissant à mesure que s'affirmait la civilisation. Comme la société politique a évolué vers la démocratie, la société conjugale a évolué vers l'égalité. Le plein développement de la personnalité humaine est le but, où, à travers les siècles, tend imperturbablement l'effort de l'humanité.

Chaque siècle a contribué à cette œuvre, le nôtre plus que tout autre peut-être.

Grâce au mouvement économique qui a marqué notre époque, grâce aux idées de justice et de liberté qui ont agité le monde, grâce aussi à cet esprit de critique qui nous fait peser et contrôler toute chose, la personnalité de la femme s'est affirmée. On s'est

aperçu que beaucoup des sujétions qui pesaient sur
elles n'étaient que la survivance d'anciennes doctrines et d'anciennes institutions à jamais mortes; on a
reconnu que la prétendue infériorité de la femme
n'était bien souvent qu'un préjugé, et que lorsqu'elle
existait réellement, loin d'être naturelle, elle était le
résultat d'une éducation incomplète et vicieuse ; on
a remarqué que là où elles étaient débarrassées de
toute entrave les femmes savaient faire preuve de
prudence et d'activité, et on a vu, enfin, que cette
prétendue fragilité du sexe n'était qu' « un vestige
non effacé de l'ancienne condition des femmes et un
prétexte à oppression (1). »

Le principe une fois posé de l'égalité naturelle de
l'homme et de la femme, l'organisation de la famille
a dû, elle aussi, subir l'examen de la critique. Et la
critique a montré que là encore tout n'était pas ra-
tionnel. On a dû reconnaître que sous le couvert de
la communauté légale de biens les droits de la femme
étaient suspendus et souvent comme annihilés pendant le mariage, que la place faite à l'épouse était
bien étroite, bien humble, et qu'encore dominait,
inavouée, il est vrai, mais certaine, l'influence de
l'antique idée qui faisait tomber entre les mains du
mari le patrimoine de la femme, comme un acces-
soire de sa personne. « N'ai-je pas le droit de dire,

(1) GLASSON. — Éléments de dr. français, t. I, p. 181.

a écrit M. Foucher de Careil, que je ne sais quel esprit guerrier et conquérant altère jusqu'à l'ordre et à l'harmonie de nos rapports civils, et que notre législation enfin, comparée à celle des races germaniques et anglo-saxonnes, paraît être celle d'un peuple de soldats habitués à traiter la femme comme un butin fait sur l'ennemi ; que c'est une législation bottée et éperonnée, édictée par les forts, et ne se souciant pas assez des droits sacrés des faibles (1). » Et le rôle économique de la femme grandissant dans nos sociétés modernes, les conséquences de ce désaccord entre la loi demeurée figée dans sa formule primitive et les mœurs nouvelles se sont fait sentir dans toute leur acuité. Et s'est révélée la misère imméritée de la femme du peuple gagnant son salaire par son travail et cependant sans droit en face du mari tout puissant.

J'ai montré quelles conséquences ces constatations devaient entraîner pour notre droit français, quelles modifications s'imposaient, quelle conciliation était possible entre la tradition et la conception nouvelle du rôle de la femme, et j'ai tenté d'établir les fondements du droit nouveau.

Sera-ce là le terme de l'évolution et la formule définitive de l'organisation de la famille ? Ou bien le

(1) *Bulletin de la société internationale d'études pratiques d'économie sociale*, t. I, p. 36.

droit de la femme dans le mariage ira-t-il, progres-
sant encore de conquête en conquête, jusqu'à cette
séparation de biens que les féministes poursuivent
comme le but de leurs efforts, et qui, déjà, est devenue la règle des rapports entre époux dans les
pays anglo-saxons?

Bien téméraire est celui qui ose dire ce que sera
demain. Que de prophéties qui semblaient fondées
ne se sont pas accomplies? En ce siècle de progrès
rapide et de transformation subite, il faut éviter
toute conclusion hâtive. Cependant, il n'est pas illogique de penser que, sous l'influence des mœurs et
des faits économiques, d'autres progrès puissent être
réalisés dans la condition de la femme mariée et
qu'une organisation nouvelle des rapports entre
époux puisse un jour s'établir. L'histoire nous a
montré ces transformations successives du droit.
Peut-être, un jour, la personnalité de la femme
s'étant affirmée davantage, son rôle économique
ayant encore grandi, l'éducation surtout ayant mieux
développé ses facultés natives, les droits de la
femme deviendront-ils dans le mariage à peu près
égaux à ceux de l'homme, réduisant l'autorité maritale au minimum nécessaire pour le maintien de
l'unité de la famille. Mais tout cela est probléma-
tique.

Tout ce qu'on peut dire de certain, c'est qu'en
France cet avenir ne semble pas prochain et qu'en

tous cas une transformation aussi radicale serait actuellement prématurée.

Il ne peut s'agir aujourd'hui que de modifications, de réformes partielles, celles que j'ai indiquées semblent le maximum du possible.

Devant ces concessions faites à la femme, beaucoup déjà s'effraient. « Le rôle d'une femme, dit-on, n'est pas de s'occuper d'affaires, c'est au mari à diriger les intérêts pécuniaires de l'association conjugale, la place de la femme est à son foyer auprès de ses enfants. Elle a une mission assez grande et assez belle, on ne fait que la diminuer à vouloir la sortir de sa sphère (1)...... » On craint que ces concessions ne soient menaçantes pour la bonne harmonie du ménage et n'entraînent peu à peu la ruine du mariage ; on a peur que l'autorité du mari ne soit réduite à l'impuissance ; on redoute, enfin, que la femme, perdant au milieu des disputes sa sérénité et sa grâce, dépouillée de ses qualités natives, de sa tendresse et de son infinie douceur ne devienne je ne sais quelle pédante insipide et maussade.

Rien ne prouve que ces craintes soient justifiées. Ce n'est pas dans les pays où la domination de l'homme sur la femme est le plus stricte que le mariage a le plus de dignité. L'exemple de l'Orient en

_____

(1) H. Basset. — *Le rôle de la femme mariée,* p. 497.

est la preuve. « Quand la femme est entraînée comme une captive, le mari n'est pour elle qu'un geôlier dont elle fait rire en trompant sa surveillance (1). » Comme l'a remarqué justement Saint Maric-Girardin, « moins la femme a de droits, plus elle a de prétentions. » N'ayant d'autres pouvoirs que ceux qu'elle tient de la faveur du mari, elle fait tout pour conquérir cette faveur. De là, ces manœuvres, ces coquetteries, ces roueries qui ne sont pas faites pour rehausser la dignité du mariage. L'hypocrisie, que de tout temps on s'est plu à reprocher aux femmes, n'a peut être pas d'autre source que leur trop étroite sujétion.

Sans doute, il faut une autorité dans la famille et l'obéissance est un devoir pour la femme. Mais l'autorité du mari ne doit être ni arbitraire ni despotique ; elle n'est pas établie dans son intérêt, mais uniquement pour maintenir l'unité du ménage, et ce n'est pas la détruire que la limiter, en la dépouillant de cette rudesse germaine qu'elle a encore conservée dans nos lois. Si la femme doit obéir à son mari, c'est « non à la façon d'une esclave, mais d'une compagne, afin que l'obéissance qu'elle lui rend ne soit ni sans dignité, ni sans honneur (2). » Selon le mot d'Aristote, l'autorité du mari est républi-

---

(1) Lefèvre-Pontalis. — *De la condition légale de la femme mariée*, p. 206.

(2) Léon XIII. — *Encyclique Arcanum divinæ sapientiæ.*

caine, c'est-à-dire celle d'un égal. Consacrer cette égalité, loin de ruiner le mariage, ne peut que lui rendre plus de grandeur, et lui mériter plus de respect.

Aujourd'hui, d'ailleurs, où grâce au désarroi des croyances et au trouble de la conscience morale, l'union libre tend à s'implanter dans nos mœurs, il faut craindre, en maintenant trop étroite la sujétion de l'épouse, de multiplier le nombre des « faux ménages ». Il faut prendre garde que voyant la concubine libre dans tous ses actes, pouvant toucher ses salaires et en disposer, administrant elle-même ses biens, et comparant cette indépendance à la dépendance de la femme mariée, la femme n'en vienne à préférer la liberté du concubinage à l'honneur du mariage. Sous prétexte de maintenir intacte l'organisation de la famille, il ne faut pas ruiner le mariage.

A l'extension de ses droits, du reste, la femme ne perdra rien du charme de sa nature. Peut-être dépouillera-t-elle un peu de cette frivolité et de cette coquetterie qu'on a souvent trop louées, mais, l'esprit plus largement ouvert, l'âme plus libre, plus personnelle, plus consciente d'elle-même, plus responsable de ses actes, elle deviendra plus profondément humaine, étant réellement la compagne de l'homme. Et quant aux qualités de cœur, qui de tous temps ont été son apanage,

à cette douceur câline qui toujours en a fait l'endor-
meuse des douleurs, elles ne sauraient s'amoindrir
parce qu'aura grandi son âme. Comme l'écrivait un
jour le poète Francis Jammes: « La femme future, je
ne sais pas ce que c'est. Je sais qu'il y aura toujours
des vieilles tremblantes qui diront : j'avais un fils qui
s'appelait Jean et il est mort d'une mauvaise fièvre...
Je sais qu'il y aura toujours des jeunes filles dont les
bras minces et les joues de lumière feront frémir
d'amour les jeunes gens (1). »

Au fond de ces craintes, on retrouve toujours l'éternelle terreur qui arrête l'homme au seuil de l'inconnu.
Trop facilement, nous subissons l'empire de nos habitudes, nous nous laissons dominer par les préjugés,
nous érigeons en dogme ce qui est la vérité d'un moment. Parce qu'une chose est, nous nous y tenons, et
nous la croyons bonne, morale, éternelle. Et quant
apparaît imminente la nécessité de changer d'habitude, quand croule ce qui est pour laisser place à ce
qui va venir, nous nous sentons pris d'effroi. Déses-
pérément, nous nous accrochons à ces réalités d'un
jour, comme si l'éternité leur avait été promise.
Toujours l'humanité regrettant l'Age d'Or du Passé a
gémi sur le chemin de la Terre Promise de l'Avenir.

Il ne faut donc pas s'étonner des critiques et des
résistances que soulève l'extension des droits de la

(1) Fr. Jammes · Revue Naturiste, juin 1897, p. 220.

femme : c'est le sort de toute idée nouvelle. Si raisonnable et si légitime qu'elles paraissent, elles ne sauraient d'ailleurs l'empêcher de triompher ; on ne dit pas au progrès : « Tu t'arrêteras là ».

Et ce triomphe sera non pour la ruine, mais pour la grandeur du mariage. La femme ayant désormais sinon les mêmes droits que l'homme, du moins des droits égaux aux siens, étant considérée non comme sa sujette mais comme sa compagne, l'union conjugale sera vraiment l'union de deux êtres libres, également capables, également maîtres d'eux-mêmes. Entre ces deux êtres liés par la réciprocité des droits comme ils le sont par la réciprocité des devoirs, la justice règnera plus entière. Chacun d'eux pourra librement accomplir la mission à laquelle l'appelle sa destinée. La femme plus consciente d'elle-même, parce qu'elle sera plus responsable, verra son influence grandir dans la famille et s'accroître le champ de son activité. Tenue moins à l'écart des affaires, moins ignorante, par nécessité, des choses de la vie, plus apte à comprendre et à agir, elle sera non plus seulement l'épouse adulée ou la ménagère économe, mais le conseiller des heures difficiles. Plus qu'auparavant, elle saura prendre sa part des efforts et des peines, des soucis et des tracas de la famille. L'homme, la voyant toujours à ses côtés, se sentant uni à elle non seulement par le lien officiel du mariage, mais par la communauté des pensées, par l'intime communion des volontés, aura pour elle plus de respect.

Et sera réalisée la pensée de Dieu aux jours de l'Eden donnant dans la femme à l'homme « un aide semblable à lui. »

Vu :

Par le Président de la thèse,

E. CHAVEGRIN.

Paris, le 30 janvier 1898.

Vu :

Par le doyen,

E. GARSONNET.

Vu et permis d'imprimer :

Le vice-recteur de l'Académie de Paris,

GRÉARD.

TABLE DES MATIÈRES

INTRODUCTION

CHAPITRE PREMIER

LA CONDITION DE LA FEMME MARIÉE EN DROIT FRANÇAIS

CHAPITRE V

LE RÉGIME LÉGAL

Imp. DESTENAY, Bussière frères. — Saint-Amand (Cher).

ST-AMAND, CHER. — IMPRIMERIE SCIENTIFIQUE ET LITTÉRAIRE, BUSSIÈRE FRÈRES.

www.ingramcontent.com/pod-product-compliance
Lightning Source LLC
Chambersburg PA
CBHW032328210326
41518CB00041B/1595